瀬戸内寂聴＋伊藤比呂美

先生、ちょっと人生相談いいですか？

集英社インターナショナル

まえがき

伊藤比呂美《いとうひろみ》さんは早くから詩人として世に知られた才人であった。女性の詩人のなぜか少ない日本の文壇で、若くして詩人の名を背負った比呂美さんの存在はユニークであった。文章もてきぱきして気味がよく、新聞や雑誌からの注文も多く、いつの間にか若いのに身の上相談で頼られるようになっていた。

縁がなく私とはなかなか会えなかったが、この際、この本を作るため、はじめて逢って話すことになった。

寂庵の門をくぐったとたん、発した彼女の第一声は、

「あ、どうしよう。ブラジャー忘れちゃった!」

であった。迎えに出ていた出版社の人たちも、寂庵の従業員の娘たちも、比

呂美さんより仰天して、赤くなったり、青くなったりして、その場でうろたえていた。

ブラジャーの押さえのない豊かな乳房は、ブラウスをつき上げて、力のみなぎった乳房が、ブラウスを破りそうに張り切っていた。

その日、初対面の二人の対談がこの本になった。

私は比呂美さんの詩しか読んでおらず、身の上相談やエッセイはほとんど読んでいなかった。複雑なこれまでの男女関係もまったく知らなかった。ただ現在はアメリカ人の絵描きさんと何度目かの結婚をして、アメリカに住み、九州のご両親の病気のお見舞いに、月の半分は九州に帰っているということくらいしか知らなかった。

ブラジャーを忘れたと気にする比呂美さんのために、私も法衣の下のブラジャーを外して素乳（そんな日本語があったかな?）で対面することにした。

はじめて逢ったと思えない親近感がたちまち二人をひきつけた。差し向かった相手の気持ちを三分も経たずに、素乳の二人は理解し合い、十年以上も昔からの友人のように、何でも話しあった。

私は以前から漢訳のお経がむずかしいので、日本語の美しい訳のお経が欲しい。それを一緒にやってくれる女性の詩人はいないかと思い続けていたので、比呂美さんに逢うなり、この人だっと、その相手に選んでしまった。

ところが比呂美さんは、もうとっくにそれをやっているという。ああ、それならいい。九十も半ばを超した私は、もういつ死んでも安心だ。比呂美さん訳の日本語の美しいお経をあの世から聴けると思うと、心が豊かになっていた。

今、その時の対談を読み直してみると、男の話など、あからさまにしていて、どうかと思うが、二人とも正直に、真剣に話しているので、これでいいと、直さなかった。

比呂美さんはこの数年のうちに、九州のご両親もアメリカの御夫君もあの世に見送られた。ごく最近は、心酔していた九州の天才詩人、石牟礼《いしむれ》道子《みちこ》さんまで急逝されてしまった。どんなに寂しいだろうと、思いやるだけでも涙が出る。

この本が、そんな彼女を少しでも慰め、笑いを思い出し、おなかを空かせてくれるといいのになぁと思う。

彼女だけではない。同じ苦労にじっと耐えて、けなげに生き続けているいじらしい女人たちの心に、ほっこりとしたゆとりをよみがえらせてくれると、いいのになぁと心から願っている。

平成三十年八月

瀬戸内寂聴

第四部 小説家という「生き物」

装丁・デザイン　大森裕二
構成　田中有
帯写真提供　斎藤ユーリ　吉原洋一

第一部

寂聴先生、「鬱」と「いじめ」経験を語る

あたし、「ポスト寂聴」ねらってます

伊藤比呂美（以下、比呂美）　先生、今日はよろしくお願いします。あたしも、先生ほどじゃないんですけど、人生相談を新聞で二十年くらい続けていまして。ライブ版の相談もあっちこっちでしているんです。

瀬戸内寂聴（以下、寂聴）　知っていますよ。あなたまだ若いから、いろいろ動けるのね。私はさすがに人前で回答することは少なくなったけど、まだ相談はよく届くわね。

比呂美　仏教の教えで、四苦八苦《しくはっく》ってあるじゃないですか。

寂聴　はいはい。愛別離苦《あいべつりく》、怨憎会苦《おんぞうえく》、求不得苦《ぐふとくく》、五蘊盛苦《ごうんじょうく》ね。

比呂美　そうそう、それです。あたしのところに来る相談をよくよく考えつめてみると、だいたいこの四つに分けられるんですよ。

寂聴　生きる、病《や》む、老《お》いる、死ぬ、の苦しみが四苦で、それに今、あなたが言った四つの苦を足して八苦。四苦八苦というのはそこから来ているのよね。

比呂美　愛する者と別れる苦しみ（愛別離苦）。きらいな者に会っちゃう苦しみ（怨憎会苦）。ほしいものが手に入らない苦しみ（求不得苦）。それから見聞きし触れて味わう、いろんなものに執着する苦しみ（五蘊盛苦）。

寂聴　身の上相談って全部、その中に入ると思うよ。

比呂美　ああ、やっぱりそうですか。「仏教のほうでは昔からこう言うんですよ。寂聴先生じゃないですけど」みたいに答えることがよくあります。お名前勝手にお借りしてます（笑）。もともとお経に惹《ひ》かれて、仏教に近づいていったんですよ。

寂聴　日本のお経きれいでしょう、あなたの詩の力で、これを詩に直してもらいたいわね。

比呂美　はい、数年前には『読み解き「般若心経《はんにゃしんぎょう》」』（朝日新聞出版刊）で、『般若心経』、『観音経《かんのんぎょう》』、『地蔵和讃《じぞうわさん》』など、やりましたし、今まとめているのが、『阿弥陀経《あみだきょう》』『仏遺教経《ぶつゆいきょうぎょう》』『自我偈《じがげ》』……現代語に訳すのがすっごく楽しいんです。**実は、ねらってるんですよ、ポスト寂聴。**人生相談も、お経もやってますからね、他にだれか？

寂聴　（笑）。

比呂美　あたしはね、

お経はほんとに詩みたいです——比呂美

最初は仏教説話をむさぼり読んでまして、それから、お経というのがほんとに詩みたいだと思って、詩人ですからね、それを通して仏教というものに近づいていったんですよ。だけど先生は、仏門に入って修行なさった過程でお経に触れてこられたでしょう。

寂聴　そうそう。それで、お経っていいもんだなあと思った。

比呂美　好きなお経はいろいろあるんですけど、たとえば『観音経』の「妙音観世音《みょうおんかんぜおん》　梵音海潮音《ぼんのんかいちょうおん》　勝彼世間音《しょうひせけんのん》」という一節。この部分がすごい好きです。

寂聴　私もそこは好き。何かもう、梵音《ぼんのん》(仏様の声)が聞こえてくるような気がするね。……ウン、観音経が一番、きれいだと思うね。

比呂美　先生の天台宗《てんだいしゅう》では、メインのお経は『観音経』でしょうか。

寂聴　わりと多いかしら。私が住職を務めていた天台寺(岩手県二戸市)のご本尊も観音様だし。

比呂美　『観音経』を元々のサンスクリット語(古代インドの言葉)から漢語に訳した鳩摩羅《くまら》什《じゅう》っていう人にすごくあこがれています。写真とかないからよけいに(笑)。先生は『阿弥陀経』はあんまりおやりになりませんか？　それも鳩摩羅什が訳したんですよ。

寂聴　『阿弥陀経』は長いからね。でも、友だちが亡くなったりすると、ひとりで『阿弥陀経』

を上げたりする。長いお経でね、よく覚えてないけど、一応ちゃちゃっと読むのよ。こちらの心が落ち着くの。

比呂美　『阿弥陀経』、確かに長いですけど、その長さも、ああ、めんどくさい男だなあと思いながら好きなんですよ。

寂聴　男じゃないわよ、お経は（笑）。

比呂美　「懺悔文《さんげもん》」、「発願文《ほつがんもん》」、「四弘誓願《しぐぜいがん》」とかもみんな好きです。それから四苦八苦という、あの言葉も。

寂聴　「懺悔文」や「発願文」なんかは昔は法話でよく使ったわね。みんなで一緒に唱えると、いいものよ。心が静まって。

比呂美　やっぱり長い間かけて使い込んできたことばがいいんでしょうね。それを訳すなんて無粋《ぶすい》と思いながら、でも訳します。自分のことばで、意味がわかりたいと思うんです。

比呂美　先生、こうやって向かいあって座ってらして、

病気で鬱の入口に

腰とかおつらくないですか。何年か前、先生は腰痛がひどくて入院なさいましたね。

寂聴　あのときはねえ、背中がもう、なんともかんとも言えないくらい痛いの。病院では痛み止めを普通の人の三倍打ってくれたけれど、それでもダメだった。

比呂美　二年前に死んだあたしの夫も、背骨だ腰だ膝だって、痛みに取りつかれたみたいで、朝から顔をしかめて不機嫌でした。あっちもこっちも手術して、人工の股関節も入れて、心臓バイパスにペースメーカー、最後は老いたるサイボーグみたいになってましたよ。

寂聴　私、脊柱管狭窄症《せきちゅうかんきょうさくしょう》って言われて、背骨が潰《つぶ》れてるとこにセメント入れたらすーっと楽になった。あなたもそれになったらすぐセメント入れなさい。簡単だから。

比呂美　セメントですか。重たそうですね（編集部注・注射するだけなので重たくありません）。でもそれで楽になってほんとによかった。夫もやればよかったです。そしてそのあと先生は、腰椎圧迫骨折《ようついあっぱくこっせつ》になったんでしたよね。痛かったでしょう、それも。

寂聴　それが、いろいろ治療してやっと退院して、わが家のお風呂に入って「ああ気持ちいい」って、一息ついたの。でも出たら痛みがひどくなって、脱衣所で動けないのよ。もう虫みたいに床に丸まって、誰かが手を差し伸べてくるだけで痛くて、「痛い痛い」って、ただただ泣いてた。

比呂美　うわー、つらいですね。痛みを1から最大10として、そのときはいくつくらいですか？

寂聴　ええと、そうね、泣いてたときが8くらいかしら。ようやっとベッドで横になれて、いくらか楽になった。それが7、かな。気が短くなって、つまらないことで怒るから、家に来ていたスタッフがみんな、近寄って来なかったよ（笑）。

比呂美　死んだ夫は、痛さのあまりに鬱になってました。子どものいるころだったから、家庭の中がもう針のむしろ……。

寂聴　**私、なりかけたよ、鬱に。**横になってものを考える余裕ができたら、このまま動けなくなるのかな、それじゃもう書けなくなるのかなって。思うことがだんだん、暗〜くなってきて、あ、これがもう鬱の入口だなと思った。

比呂美　先生でもやっぱりそうですか！　それでどうなさいました？

寂聴　これで鬱になったらみんなが困るだろうと思ったから、小説のこと考えたり、笑える楽しいことを探したりしたのよ。

シモの世話だけはされたくない

比呂美　先生は、そういうときも前向きで生きていらっしゃるんですね。鬱になりかけたとき、先生、自分の身の上をあれこれお考えになりましたか。一番気になっていらしたことは何でした？

寂聴　やっぱりそのまま動けなくなることね。私そのとき、這《は》いながらでもトイレに行ったの。シモの世話を誰かにしてもらうのが……。

比呂美　ああ、やっぱりそれがおいやですか。こないだ亡くなった石牟礼道子《いしむれみちこ》さんも、どんな状態になったら死を考えますかってお聞きしたとき、「おトイレをひとりで行けなくなったとき」っておっしゃってましたね。

寂聴　でもねえ。人の手を借りてトイレをするとか、失敗するのが恥ずかしい、あそこをむき出しにするのが恥ずかしいなんて、下衆《げす》な育ちだからなのかもしれないよ。高貴な育ちだと、人の手を借りるのが当たり前で、裸でスパスパ歩くんだって。

比呂美　確かに昔の王朝時代は、下女下男《げじょげなん》が**おまる**を捧げてたって話ですからね。でもね、うちの母は、八十くらいのときに、あれよあれよという間に両手両足がマヒして、寝たきりになって、シモの世話はすべて他人任せになっちゃったんです。最初はさすがに落ちこんでいましたけど、数か月でその状態に慣れてましたね。人間ってすごいなって思いました。「死ぬまで生きる」が先なんですもの。

寂聴　（小声で）うん、そうなればね。しかたがないわね。

転んでもタダでは起きない寂聴さん

比呂美　先生はそのあと、今度は九十歳過ぎてガンの手術して、それから心臓を手術なさったわけですよね。そのときの気分はどんな感じでしたか？

寂聴　大病してもね、かならず治るのよ。もうどうしたの、これって感じ（笑）。

比呂美　ですよね。普通、九十四歳で心臓の手術してベッドにいたら、もう立ち直れないってことになってもおかしくないでしょ。どうやって元に戻られましたか。

寂聴　それが不思議なのよ。そうだ、寂庵でお堂を任せている係の人が「それは観音様が守ってくださるのです」って言うの。でも私は観音様に守っていただくほどお経も上げていない。

「ちっとも拝んでないの、あなたが一番よく知ってるじゃない」って言ったら「私が毎日お水を替えて、私が拝んでますから」って。ハハハハ。

比呂美　へえ、まさに代経《だいきん》ですね。でも心臓の手術をなさったときは、さすがの先生も弱っていらっしゃったそうですね。

寂聴　心臓病でカテーテルやったあと、また鬱になりかけたの。それはもう、なりますよ。病院に閉じこもって、自分のからだは自由にならないし、食べものもまずいし。私はいつも法話で「鬱になりかけたら、自分で抜け出さなきゃダメです」って言ってるんだけどね。

比呂美　あはは、それがなかなかできないんですよ。先生は実際のところ、どうやって抜け出すことができたんですか？

寂聴　**自分は今、何をしたら一番幸せな気分になれるかを一所懸命考えたの。**私にとって一番うれしいのは、自分の本が出ることでしょ？

比呂美　はい。それはもうよーくわかります。

寂聴　だけど本に編む原稿がないわけよ。何かないか、考えに考えて「あ、俳句だ！」って閃いたの。ヘタな句を昔からちょっとだけ書き溜めてた。でも、出版社に私が持って行ったら、どこも断わらないだろうけど、きっと売れないからそれも気の毒だと思ってね。

比呂美　……鬱の人が売り方まで考えるんですかー。

寂聴　だから親しい編集者がやってる出版社で自費出版したの（『句集　ひとり』深夜叢書社刊）。そうしたら元気になった。

比呂美　鬱がパカッとなくなっちゃったんですか。

寂聴　一ページに一句でも全然足りないから、俳句に関する随筆を載せたの。そうしたらやっぱり、俳句よりずっとうまいのよね（笑）。自費出版は高くついたけど、これが評判がよくってね。重版になって、売れてるの。

比呂美　素晴らしい句集でしたよ。高橋睦郎《たかはしむつお》さん（詩人）も、小澤實《おざわみのる》さん（俳人）も、ほめていらっしゃいましたよ。でも、自費出版して重版なんて、今どきありませんよ。

寂聴　しかもね、俳句の賞（星野立子賞《ほしのたつこ》）までもらったの！

比呂美　まあ。転んでもタダでは起きない寂聴さんですね。

ガンは怖くない

比呂美　ちなみに、心臓病の前にガンて宣告されたときには、何をお考えになりました？

寂聴　それがもう不思議でね、人が思うほど、私はガン、怖くないの。父も姉もガンだし、私の周りの人もガンでたくさん死んでるから、若いときは顔にニキビ、歳を取ったらお腹にガン、みたいに、いつか自分もなるなぁと思っていたの。

比呂美　じゃあストレートに「死」を連想なさったってわけでもないんですね。

寂聴　痛みで入院して、あちこち検査してたら胆嚢《たんのう》に腫瘍が見つかったの。最初、若い医者が「ガンがあります。悪性らしいです」っていきなりしゃべったから私ちょっとムッとしたんだけど、後でちゃんとしたお医者さんが説明してくれたのよ。

比呂美　その場面、ビデオで観ましたよ。先生、淡々と手術を選んでいらっしゃいましたよね。

寂聴　ガンなんて、死ぬか治るかのどっちかでしょ。だから先生に「取ってください」って即座に言ったのよ。お腹を開けると思っていたんだけど、おへそのまわりに穴を三つ開けて、内視鏡で悪いところを引っ張り出しただけで、痛くもなかった。

比呂美　ご高齢だからって手術しないってことに決めなくて、よかったですね。結果的に。

寂聴　私が大好きだった宇野千代《うのちよ》さんね、九十八歳で亡くなったんですよ。九十四歳まですごく佳《よ》い小説を書いていて、そのあとも随筆とかちょいちょい見かけたんですよ。その宇野さんが「私、なんだか死なないような気がする」って言い出したら亡くなったの。だから私が同じこと言い出したら、危ないのよ（笑）。

地獄や極楽は「ない」

比呂美　ガンになって、鬱にまでなりかけて、それでも「死んだほうが楽だ」とは思われなかったんですね。

寂聴　死ぬことは考えなかったわね。こうなる前は、私、「極楽なんてつまらない。地獄のほうが、次は赤鬼と黒鬼のどっちだ、水責めか火責めか……と忙しくて面白そう」って考えていたのね。

比呂美　あはは、先生らしい。

寂聴　でもあの経験から、地獄に行ったら毎日痛いのかと思うともういやだと思った。

比呂美　もうすでに、この世で責め苦を先取りしていたようなもんですものね。

寂聴　まあ、ほんとは地獄とか極楽なんてものはないと思っているけどね。
比呂美　え、何ですって？　じゃあ死んだらどうなります？
寂聴　死んだら浄土に行くのよ！
比呂美　あはは、そんないい加減な。浄土があったらその反対もなくちゃ。
寂聴　**地獄や極楽はないわよ。だってあなた、差別があったらおかしいじゃないの。**
比呂美　……なるほど。じゃあ、うーんと悪いことをした人はどこへ……。あ、でも親鸞《しんらん》さんも言ってましたね、誰でも浄土に行けるんでしたよね。
寂聴　悪いことをしたら「すみません」って言って、懺悔《さんげ》すればいい。仏教の仏さんっていうのは、そういうところ、いい加減なのよ。
比呂美　そうですかー！　その「すみません」って懺悔するときに「南無阿弥陀仏《なむあみだぶつ》」って言うんですね。
寂聴　そうそう、「南無妙法蓮華経《なむみょうほうれんげきょう》」でもなんでもいい。あのね、ニュースなんか観てると、世界で難民救済とか貧困の支援とか、すごくいいことをしに行った人がテロだの強盗だので殺されてしまうでしょう。悪い人が天罰で死ぬんじゃないのよ、本当の人生は。

比呂美　小さいころは、悪いことしたらバチが当たるよって教わりましたけどね。だとすると、悪い人っているんでしょうか？

寂聴　**人を殺すことも盗むことも、悪いことよ、もちろん。だけども、それをしなきゃならない人がいる、それが人間の世の中だと思う。それがあるから小説も書ける。**

比呂美　なるほど。その「しなきゃならない」って事情、その人が何かからさせられているってことだとすると、その何かって前世ということになるんでしょうか。

寂聴　前世というか因果《いんが》なんてことではないと思うね。ある人が悪いことをするっていうのは、その人自身にそういう要素、弱みたいなものがあったんでしょう。

比呂美　因果応報《いんがおうほう》なんてないと。ああ、先生。すてきすぎます。

介護は愛情か、エゴか

寂聴　あなた、旦那さんがまだお元気だったとき、アメリカに家庭があるのにそれ放っておいて、日本の親御さんのところにしょっちゅう介護しに行ったり来たりしたでしょ。あれは普通できないと思うわね。

比呂美　親が老いたら家庭を放り出しても面倒をみる、っていうのが日本人のつとめじゃないか、みたいに自分でもどこかで思っていたフシが……。

寂聴　今の人はしないいね、そんなこと。

比呂美　ほんとは日本で仕事があったんで、それにかこつけたんです。

寂聴　それは後から付けた理由だわね。やっぱりあなた、普通の人より愛情が深いのよ。

比呂美　いやー、そう言っていただくとうれしいんですけど。でも、海外に住んでいる同じ世代の日本の女は、けっこうあたしと同じような感じですよ。ひんぱんに行ったり来たりしてる人もいるし、日本の親をどうするかって、みんなの共通の話題ですもん。でもあたし、父のところに行っても、何もしてなかったんですよ。そばに座ってテレビ観てただけで。まあ、それがあたしにしてほしいことだったんですけど。今になると、もうちょっといてあげたらよかった、つまんない番組を一本だけ三十分付き合うんじゃなくて、三本観ればよかったって……。

寂聴　つまらないのをいっしょに観てあげただけで、あなたは親孝行ですよ。

比呂美　いや、たぶんあたし、父のためじゃなくって、自分のために介護していたような気がするんです。

寂聴　それでも、やったことは親孝行には違いないのよ。もうあなたはどんな悪いことしても極楽に行きます（笑）。

比呂美　おー、ほんとですか。ッシャ、もういつ死んでもいい（笑）。でも先生、極楽なんかなかったんじゃありませんか（笑）。

寂聴　あなたの本（『父の生きる』）の表紙にお父さんの写真を出してたけど、いい男だねえ。何をしていた人なの。

比呂美　……ふふふ、いい男でしょう。あたしも子どものときから大好きで、お父さんと結婚するっていってたくらいで。**実はその、全身に入れ墨が入ってまして。もう足首から腕の中ほどくらいまで。**若いころはヤクザだったんです。戦争から帰ってきて、やけになってヤクザになって。あたしが生まれる前に足を洗ったみたいですけど。

寂聴　そうなの。それじゃ、あなたにその血が濃く出たんじゃないの、アハハハ。

比呂美　さっきも言いましたが、先生ほどじゃないん

いじめとバッシング

ですけど、あっちこっちで人生相談をしています。その中でもけっこう多いのがいじめの相談なんです。子どもの社会も大人の社会も、いじめがよくあります。パワハラ、セクハラ、みんなそうですよね。どうしたらいいんでしょうか。

寂聴　いじめる側の人たちにコンプレックスがあるんだと思うね、本当は。

比呂美　なるほど。コンプレックス。その裏返しでいじめるわけですか。社会全体にそれがあるのかしら。たとえば不倫とか、学歴詐称だとかが明らかになると、社会全体がそれっとばかりに群がって、その人を叩いて……。

寂聴　**少し前に私が対談した小保方晴子《おぼかたはるこ》さんのときも、ひどいと思ったね。**

比呂美　科学とか細胞とか、あたしたちには全然わからないですけどね。彼女が何をやったかやらなかったかはこっちに置いといて、万一彼女が何か自分でしていないことを自分の業績にしたとしても、あのメディアのやり方、社会の叩き方っていうのは……。

寂聴　もう、ひどいものよ。かわいそうだと思ったから、「婦人公論」にそう書いたのよ。

比呂美　先生のお書きになったことで、彼女に対する世の中の空気が変わりましたよね。

寂聴　私のところにも、なんであんな悪い人をかばうんだとか、抗議みたいなのも来たらしいのよ。見なかったけどね。

比呂美　ははは、見ないんですか。先生のお若いときも、先生に対して、世間であいうバッシングがあったそうですね。

寂聴　それよ、私がいじめられたのよ（笑）。『花芯《かしん》』を発表したとき（一九五八年）、週刊誌にベタベタ酷評が出て、「子宮作家」なんてへんな呼び方されて。

比呂美　そうでしたねえ。あたしも言われたんですよ。子宮詩人って。おいくつのときですか。

寂聴　まだ三十代で、男がいて、一番きれいだったころよ。週刊誌の中吊り広告を電車で見かけて、ああ誰かこき下ろされてるなあと思ったら私だったの（笑）。ほんと、私の小説なんて読んでもいないような人まで乗っかって、悪口言ってきたんだから。

比呂美　まだ三十代で、男がいて、一番きれいだった上に、新進気鋭の女の作家だから叩かれたのかも。反論なさいましたか？

寂聴　新潮社に「反論を書かせてくれ」って頼みに行ったんだけど、門前払いだったわね。あらゆる文芸誌に五年間、書かせてもらえなかったのよ。

三十代で自殺未遂したわけ

比呂美　文学の世界で、これからっていうときに、先生は文芸誌から締め出されてしまったわけでしょう。やりたいことができなくなったとき、そのときは鬱になったりしませんでしたか。

寂聴　鬱になってる暇なんかなかったわよ。まだ若かったし。

比呂美　忙しく書いていらっしゃいましたね。

寂聴　そのころは週刊誌ブームで、雑誌が山ほど出ている時代だったのね。書けなくなった私に、そういう雑誌の編集さんたちが同情してくれて、暮らしには困らなかった。

比呂美　先生、三十代の終わりくらいに、睡眠薬を飲んで自殺未遂してらっしゃいますよね。あのときは？

寂聴　**ああそれは仕事は関係なくて、ただ男のことでヒステリー起こしたのよ。**

比呂美　まあ。男でヒステリーはよくわかるんですけど、それに加えて仕事のほうでも行きづまってにっちもさっちもいかなくなっちゃってというようなことではないんでしょうか。

寂聴　行きづまったことは一度もない（クスクス）。

比呂美　う（息をのむ）……「書けない」と思ったことがない、と。聞かなきゃよかった（笑）。

第二部

女の悩み、娘の悩み、母の悩み

子どもを捨てた話

比呂美　あのお、**ちょっと聞きづらい質問なんですが**
……子どもを捨てて家を出るっていうのは、どんな感じなんでしょう。

寂聴　今思えばね、あれは一種の病気だった。正気じゃあできないわね。

比呂美　でもその、相手の方とはセックスしてなかったでしょ、まだそのときは。

寂聴　してなかった。

比呂美　セックスもしてないのに、病気みたいになっちゃうんですか。先生は北京《ペキン》で終戦の玉音放送《ぎょくおんほうそう》を聞いてすぐ、子どものところに走って帰ったっておっしゃってたじゃないですか。小さい子どもを持つ母親の「守らなくちゃ」という獰猛性《どうもうせい》はよくわかるんですが、それが「子どもを捨てる」という決断をするのは、よほどのことではないかと。

寂聴　そのころは男との恋愛問題で、家を出ていくの行かないのって亭主との関係もおかしくなっていたの。毎日毎日ぐちゃぐちゃケンカして、眠れないしね。やっぱりノイローゼだったのよ。

比呂美　あー、なるほど。それで別れたあと、子どものことが恋しくなったりは……？

寂聴　ありますよ。だから娘のこと、盗みにいったもの。しばらくぶりで会って、娘はこちらが誰だかは薄々わかっていたのだと思う。私に大人しく抱きしめられて、「パパは？」って聞いたら「とうきょう」。「ママは」って聞いたら「しんじゃった」って言ったの。それで、ああこれは連れて行ったらダメだな、こういうふうに教えて、育ててくれてるんだなって。

比呂美　ああ、わかる気がします。あたしも娘ふたり、あたしの都合で日本を出て。子どもの手だけはにぎって引っ張っていったんだけど、男のことや、アメリカの生活やなんやかや、自分のことしか考えてないまま……。

寂聴　心がなかったのね。

比呂美　そう、そう、そうなんです。それであたしは余計に娘たちに対して負い目がある、苦労させたなーっていう。

寂聴　私も何も怖いものなしの人生だけれど、唯一、娘には「悪い」と思っている。だからどんなことがあっても、基本的にはものすごく寛大なのね。

最後は「家族」を書きたい

比呂美　うちの娘たちにしても、死んだ夫にしても、あたしが日本語で書いたものは読めないんです。それがある意味、小気味いいんですよ。

寂聴　フフフ、そのうち一所懸命勉強して読むようになるよ。

比呂美　えーそうですかね。もう娘たちはあきらめてるような気がする。先生のお嬢さんはどうだったんですか。

寂聴　娘は半分、アメリカで育ったようなものだから、死んだ旦那が読んでやってたらしい。そんなに数はないんだけど、自分が出てくるらしい小説があるのはわかっているのね。

比呂美　昔、津島佑子《つしまゆうこ》さん（作家）に聞いたことですけど、津島さんが十二歳くらいのとき、お父さんの太宰治《だざいおさむ》の本を全部お読みになったんですって。自分が出てこないかと思って。あたし太宰は大好きでなめるように読んだから、そのお話をうかがったとき知ってたんですよ。一か所か二か所に、お母さんに抱かれた赤ん坊として出てくるだけっていうこと。痛ましかった、そのお気持ちが。そういう、書かれたい、でも書かれたくない、みたいな娘心というか。

寂聴　私、最後に「家族」という題で、孫娘やひ孫たちのことを小説に書きたいのよ。もうその力が続くかどうか、自信がないんだけれど。

比呂美　そういう家族の話。ぜひ、読みたいです。

寂聴　でもね、彼らには「書かないでくれ」って厳しく言われてる。でも、私に先があるじゃなし、そんなことを気にしないで書くという手もあるわね。もちろん、そうしたら今のこの、危うく保たれている関係は破綻《はたん》してしまうんでしょうけれど。

やっぱりヌードを撮ってもらえばよかった

比呂美　あたしはとうに閉経して、更年期も過ぎて、さっぱりしているところです。ホットフラッシュもなくなったけど、暑がりだけは残っていて、地球が温暖化してるのか、自分が温暖化してるのかわからない感じ。老いを日々感じます。

寂聴　まだまだ、若いじゃないの。

比呂美　いや、この老いるのがなんか楽しくて。わざわざ言うのが楽しいってこともあるんです。先生は普通の人より段違いに頑健でいらっしゃるし、それに五十一歳で出家なさってから、ずっとセックスしてらっしゃらないでしょう？　そうすると、あたしらみたいに老いを感じたりしないんじゃ……。

寂聴　それが今度病気したらね、からだまわりの肉がすっかりなくなって、本当に骨と皮で、老いさらばえたと思うわね。あのね、それまではちょっと小太りだったのよ。

比呂美　うらやましい。女の究極の目的じゃないですか、何もしないのに痩《や》せるって。

寂聴　ねえ、バカなこと。歳を取ったら、ちょっと小太りのほうがきれいですよ。シワなんかなくて。あなたもね、あたしくらいになれば痩せますすよ。そのくらい太ってたほうがいいのよ。

比呂美　う……太ってますか……（比呂美、絶句して自分の腹のあたりを見る）。

寂聴　あははは（笑い飛ばす）。**今は私、水着なんてとても着られないよ！**

比呂美　いやその、水着は着なくても……。いつごろからですか、お痩せになったのは。

寂聴　今度の病気してから、もぉほんとに痩せた。退院してお風呂で鏡みた途端、顔、そむけましたよ。醜くて。ああー！　八十八くらいのとき、アラーキーに裸、撮ってもらっとけばよかった。

比呂美　ははは、八十八のときにアラーキーですかぁ。

寂聴　私がそのくらいのころ、アラーキーがこの寂庵に来たんですよ。玄関に私が出ていったら彼がいたから、私「あっ、裸を撮りに来たの？」って言ったのよ。

比呂美　ははは、いきなりですか。

寂聴　彼はびっくり仰天してたけどね。結局撮らなかったんだけどね、裸は。今は「しまった」って思ってる。

比呂美　あたしは四十二のとき、石内都《いしうちみやこ》さんに裸体を撮ってもらいました。本になってますけど、まあいろんなこと言われましたね、こんなもの見たくねえとか(笑)。都さんって、四十になった女たちの手や足を撮っていて、それがすっごくよくて、ぜったい撮られたかったから後悔してないんですが。じゃあ先生は、痩せてから老いっていうのを感じられたんですか？

寂聴　そうよ。だって鏡みたら「いやーっ」って目をつぶってしまうもの。これはもう、男になんか見せられない。あのころなら……八十八までなら撮れた。

比呂美　八十八だと普通は死んじゃいますよねぇ、人は。

更年期からのセックスを考える

比呂美　夫は八十七で死にまして。セックスできなくなったのが八十を少し過ぎたころですかねえ。

寂聴　セックスできなくなったときに死にたいとは言わなかった？

比呂美　いえ、ただ、ただ、あわてふためいていましたね。自分が自分じゃなくなっちゃったみたいに。すぐ泌尿器科に走っていってバイアグラを処方してもらって。あれは効くんですけど、心臓が悪いからそれも使えなくなって。しようとしても、どうにもできない。それでお前の膣の形が変わったからだとか、こっちのせいにしてくる。こっちはしたくないから、向こうの「しようよ」サインを無視する。そうすると、何もかもに疑心暗鬼《ぎしんあんき》になる。ちくちく意地悪を言ってくる。われわれの関係の危機だみたいに怒りくるう。針のむしろでしたね。

寂聴　はははは、針のむしろばっかりね。そのあとはどうなったの。

比呂美　しばらくして落ちついて、死ぬ二、三年前は、すごーく穏やかな関係になった。六〇年代には握手するようにセックスしてたとか、会う女みーんなとやってたとか、やりたい放題やってた男だったんですよ。老いってすごいなと思いましたね。最後は「セックスなんてこの世に存在しない」みたいな感じに悟りすまして、老人とヘルパーさんみたいに、ちょっと手を握るだけでよくなって。

寂聴　かわいそうね。そんなふうにならないだけ、女のほうが恵まれてる……。

比呂美　（さえぎって）いいえ、女もなります。あたしが今、そうなってます。

寂聴　セックスしたくなくなるの？

比呂美　したくても、入らなくなるんです、ペニスが。更年期を過ぎると膣が乾いて入れると痛い。それでもっと老いると膣が閉じてしまってセックスができなくなるって、これは婦人科の先生から聞きました。先生は五十一でやめてしまったから、経験していらっしゃらない。

寂聴　わからないわね。でも今もね、私のところに七十歳、八十歳の女の人から身の上相談で、若い男としていて、このごろ男が冷たくなったなんて悩み、いっぱい来るわよ。あなた八十歳までいい思いしたから十分でしょうって言うんだけどね、ハッハッハ。

比呂美　いや、いくつになってもほしいんですよ、愛や恋みたいな相手が。いくつになっても。相手がいればセックスもしたいですよ、きっと。あきらめられませんよ。医者が言うには、ずっとセックスしつづけていたら大丈夫なんですって。しないと、どんどん乾いていって閉じてしまうって。

寂聴　こんなに医学が発達しているんだから、なんとかできるでしょう。

比呂美　できます、女性ホルモンを飲み続けていたら。あと膣対策には、挿入するタンポン型のホルモンもありますよ。先生、もしも俗世にいらしたら、飲んでいると思いますか？　女性ホルモン。

寂聴　俗世にいたら、飲んでるだろうね。

比呂美　やっぱり。そうだと思った。セックスができる限りしたいでしょ？

寂聴　**うん、できる限りしたと思うよ。フッフッフッ。**

五戒を破ったこと、絶対に守ったこと

比呂美　先生、還《げん》俗《ぞく》っていいますか、元に戻りたいって思われたことはなかったんですか。つまりやっぱり男と……。

寂聴　（カン高い声で）ないない！　あのね、ちょっと尼さんといたしてみたいなんて男、いっ

ぱいいるのよ。

比呂美　へえぇーっ、ほんとに。そんなのが結構いるとは。

寂聴　尼さんってちょっといいなんて思うんじゃないかしら。ところが、ここが不思議なんだけどね、自分がギリギリのところで頑張って回避したとかではなくて、こちらは何も大してしていないのに、言い寄る側で退散していくのよ。私、「ああ、やっぱり仏さんっているんだな」って何度か思ったもの。

比呂美　すごいですね。でも先生、五戒《ごかい》は破ってらっしゃるでしょ。お肉はお好きだし、お酒もお飲みになるし、物書きとして不妄語戒《ふもうごかい》も破らざるをえないし。でも男は……なんて言うんでしたっけ、あの戒め。

寂聴　セックスをしないのは、不邪淫戒《ふじゃいんかい》ね。

比呂美　そうそう、それを守っていらっしゃるから、先生の「尼さん性」が保たれてる。

寂聴　そうよ。私、一番人が守れないものをひとつ、守ってやろうと決めたのよ。

比呂美　先生、不偸盗戒《ふちゅうとうかい》は？「盗んではいけない」。

寂聴　**……人の夫を盗んでいる。**極楽と地獄があるなら、これはどうしても地獄行きだわねぇ。

比呂美　やっぱり五戒、破りまくりですねえ。

アメリカで、できかけた話――比呂美

寂聴　お連れ合いが亡くなって二年経ったと言うけど、もう男できた？

比呂美　……アメリカで、できかけたんです。実は。

寂聴　ふふふ、そういうニオイがする。

比呂美　聞いてください。毎朝犬の散歩しているんですけど、夜明けに公園を歩くのが好きだったんです。そしたら同じ時間にいつも散歩に来る男がいて、いっしょに歩くようになったんです。話してみたら面白い男で、思わずちょっと惚《ほ》れちゃって。

寂聴　アッハッハッ、いいわね。年下？

比呂美　いいえ、四つ上で、白髪あたまで、少し禿《は》げてて、イタリア系アメリカ人で、弁護士で。

寂聴　どこがよかったの。

比呂美　偏屈な、人付き合いの悪そうな人で、話すようになってすぐ「キミが久しぶりにしゃ

べる人間だ」って言われて、なんかこう、きゅんッと胸のど真ん中に来ちゃって。よく見ると、ちょっと禿げたところもなんかかわいくて。犬とふたり暮らしで、息子の話するから離婚経験者で、犬扱いもすごくうまくて。

寂聴　向こうはどうだったのよ。

比呂美　けっこう向こうも気に入ってたと思うんです。毎朝一時間くらい散歩して、「キミのその白髪がキュート」とかって言うんですよぉ。

寂聴　おお、うわぁ。朝の散歩だけ、それだけ？（笑）

比呂美　それが、出会ってしばらくして東海岸に行ってしまいました。もうすでに決まっていて、あと一か月しかいないっていうときに出会ったんです。別れるとき、ハグしましたけどね。それっきり会ってないんですけど、あのときは何もかも捨てて彼のとこ行こうかとちらっと考えた……。

寂聴　あなた、だんなさん死んで、介護終わって、また次……？

比呂美　あたし何のかんの言ってますが、父や夫が老い果てて死んでいくのを見届けられたのが、すごくよかったと思ってるんです。その男があと二十年したらまた介護できるかな、と。

この歳で出会うシングルの男もなかなかいないでしょう。

寂聴　そりゃそうね。歳がいってるいい男って誰かのものだものね。で、今はその彼とはどうなの？

比呂美　メールや電話は続けてますけどね。

寂聴　あなた、まだ若いね。これからもまだまだ男できるわよ。

「三人で、したことはないわよ」

寂聴　比呂美さんって結局、何回も結婚してるし、間があいたことは一回もないのね。男がいないっていう時期が。からだの関係も、ずぅーっとあるのね。

比呂美　ああ、そういえばそうですね。男がいない時期は……なかったですね。男がダブる時期っていうのもあったけど、セックスはひとりと決めてた感じ。

寂聴　それはどうして？　精神的にふたりとは、できないの。

比呂美　どうしてでしょうね。なんかいやなんですよね。そういう先生は同時にいろんな男と、ってことはありました？

寂聴　私？　いつでも男いたわよ。同時も。

比呂美　え。ということは、同時にセックスできたんですか。

寂聴　した。別々にすることだもの、それは。

比呂美　じゃあ、罪悪感って……？

寂聴　（さえぎるように）三人で、**したことはないわよ**。

比呂美　あー、あははは。**いつも一対一だったと**。でも相手に悪いなっていうのは……？

寂聴　どうってことない。だってここでして、また別のとこで別の男と……って。そばにいるわけじゃないんだから（笑）。

比呂美　あははは。でもですよ、男Aさんに対する誠意ってものが、ほかの男Bさんと付き合ってたら、ダメじゃないですか。後ろめたさっていうのは。

寂聴　**後ろめたい恋愛はしたことない。いつでも私は一所懸命だから。どの男に対しても**。

比呂美　あー、それはわかります。そのときにね、楽しんでセックスできますか、両方と。

寂聴　ふたり男がいて、どっちか片方がより好きだってことはあったけど、でもどちらも嫌いじゃないからね。だからできたのよ。

子どもよりも、男よりも、仕事

比呂美　先生、まったくひとりになったことは……つまり、男が全然いない状態って、経験なさったことありますか。

寂聴　何か月かはあったでしょ（笑）。

比呂美　それは「ない」に等しいですねえーハハハ。なんで必要なんでしょうねえ、そういう、男というか恋みたいなものが。

寂聴　最初は好きになっているから、しばらくお互いの家に行ったりしていて、それなら一緒に住もうってなるでしょ。

比呂美　自分以外の人間と暮らすのが、楽しいときもあるわけですか。

寂聴　向こうが求めるからね、一緒に住むことを。そう言われればそうしてあげましょうって思うじゃないの。

比呂美　それは家庭のない男、若い男ですね。

寂聴　そうそう。それで住むんだけどね、じきに邪魔に思えてくるのよ。とにかく私が連載を山ほど抱えていた時期で、その合間に講演だの短い随筆だのって依頼も来る。するとね、男の夜ご飯に付き合ってる時間がもう、惜しくってしょうがないの。食べ終わったとみると、書斎にすっ飛んで戻っていくのね。

比呂美　よーくわかります。締め切りが生活の基準になっているんですね。

寂聴　次第にね、毎晩男が酔っ払って遅くに帰るようになった。わけを聞いたら、私が仕事をしてるところに帰ってくるには、重い鉄の扉をこじ開けるほどのエネルギーが要るんだって言われたのよ。男にはこっちのイライラした気持ちが全部伝わっていたし、私自身もそんな自分が後ろめたくて、これはもうダメだと。別れてあげなきゃ悪いと思った。

比呂美　作家は仕事優先ですよ。それの何が悪い、ってやってきましたものね。あたしたちにとっては、書くことが、何よりも大事なんです。男よりも。たぶん子どもよりも。

別れた男への未練をどう断つか

比呂美　『蜻蛉《かげろう》日記《にっき》』の作者、

道綱《みちつな》の母じゃないですけど、相手の男の人に家庭があって、先生のお宅に通って来ていたとき、「今日は来るか、来ないか」って悶々《もんもん》としませんでした？

寂聴　メールもない、電話も自宅からはかけられない時代に、電話も来なくなったら気をもんだわね。

比呂美　毎日電話のあったころは男の電話に縛《しば》られて、廊下に出ることもできなかったって何かに書いていらした……。『比叡』かしら。

寂聴　あの苦しみはわかるわね。相手が病気か事故でも遭ったかと思うじゃない。

比呂美　あたしも、連絡をまるで寄越《よこ》さない男がいて、あんまり音沙汰《おとさた》がないと、もう何やってるか、嫌われたか、女がいるか、いや違う、じゃ何をやってるか、以下同文てな具合に、ほんとに、ほんとに、苦しみました。

寂聴　男は好きになったら、ストーカーみたいになるじゃない。こっちが別れたつもりでも、相手がそうじゃなくて、追いかけてくる。あれは、困るねぇ。

比呂美　あ……あたしがなったことがある。先生、なりません？

寂聴　ストーカーに？　……ない。ならないね。

比呂美　あれはすごく苦しいんですよ。男の跡をつけて、探して歩いて、見つけた瞬間にサーッと鳥肌が立つみたいに気持ちよくなるんです。それでおさまって、で、しばらくするとまた姿を求めて……この繰り返し。あんな苦しいものはないと思った。

寂聴　アルコールとかギャンブルの依存症と同じね。

比呂美　まったくそうです。先生のほうに執着する気持ちがあって、なかなか別れられなくって、会いに行ったり手紙を出したりってことはありませんでしたか？

寂聴　そんなことはしない。一度ね、私と別れた若い男が若い女と結婚したんですよ。それはいいんだけど、普通に披露宴なんかやったのが腹が立って、それまで私のお金を男につぎ込んでいたのを返せって、裁判したことはある。

比呂美　まあ。その男も先生のお金を使っていたんなら、慎ましく世帯を持てばよかったものを……。

寂聴　それでいくらかは取り返せたんじゃないかしら。ま、金額じゃないのよ。お金っていうのはきれいなものじゃないから、それが間に入ったことで、かえってまったく未練もなにもなく別れられる。もうあとはケロッとしたもんだったわね。

比呂美　そういうものですか。あたしはどの男との間でも、お金を払ったり貰ったりしたことがない。だからかえってスッキリと別れられずにきたのかもしれませんね。

毒母は切り捨ててしまうべき

比呂美　先生、このごろ「毒母《どくはは》」とか「毒親《どくおや》」っていう言葉があるの、ご存じですか。

寂聴　うん、あるわね。

比呂美　それって、子どもの生きかたを認めようとしなくて、自分の好きなように子どもを動かしてきた親のことです。そういう相談もすごく多い。あたしのところに来る相談はたいてい娘からなんですけど、娘として、どうしたらいいと思います？

寂聴　そりゃ親が悪いからね、もう別れたらいいのよ。そんな親といっしょにいることはないよ。

比呂美　あたしもそう思うんです。でも、そういう娘たちってみんな、親は逃げられないほど強いって言うんですよね。逃げられなかったって。

寂聴　それでもね、まともに生きたかったら、そんな親のほうがおかしいんだから、そんなのもう蹴っ飛ばして逃げたほうがいい。男でもなんでも作って。私のところにもそんな身の上相談がいっぱい来ますよ。

比呂美　そうですね。親をガッカリさせて「あの子はダメだ」「子育ては失敗だった」「何も期待できない」と思わせないと。親から逃げる努力が足らない。そう言うと、わかってないって反発されるけど、でも、やっぱりそう。ただ、逃げるしかないですよね？

寂聴　ひとりで逃げるのもさみしいじゃないの。男と逃げなさい。

比呂美　えー男と？　そしたら今度は男に依存してしまいませんか。その先はどうなりますか。親からはずっと逃げっぱなし？

寂聴　**逃げたままでいいよ。親は反省なんかしないもの。**

比呂美　そのとおりですね。親は反省なんかしない。悪いとも思ってない。でも親が八十歳、九十歳になって弱ってきたら、その娘はどうしたらいいですか？

寂聴　私、九十五歳でまだまだ元気よ（笑）。でも親がヨボヨボになってかわいそうなら、病院とか施設に入れてしまうのね。産んでくれたから娘が看《み》なきゃいけないなんて思うことはね、全然ないのよ。

比呂美　じゃあ、そのときに親を捨てても、いいんでしょうか。

寂聴　構わないですよ。娘の側にすれば、親らしいことなんかしてもらってないんだから。

比呂美　うわあ。ものすごく気持ちの軽くなることを、先生はかるがるとおっしゃる……。

ふたたび「子どもを置いて出ること」について

比呂美　先日も、子どもを叩いてしまうという母親から相談が来ました。その手の相談はよく来るんですけど、この人の場合は、忙しくて、夫に頼れなくて、つい手を上げてしまう、と。

寂聴　……私は三歳の子どもを捨てて家を出ているからね。その人はまだそれでも子どもを育ててるもの。私のほうがひどいよ。

比呂美　先生、あの、しつこいようですが、子どもを置いて出たっていうことを後悔してらっしゃる……？

寂聴　それは私の、生涯の後悔でしょうね。だけどそのころは正気じゃなかった、ノイローゼだった、その挙句《あげく》のことよ。だって子どもを置いて、どうして出られる？

比呂美　はい。たとえば今、同じような状態にある、頭の中に火がついたような若い女がいて、子どもを置いて出ようとしたら……。

寂聴　止めます。置いて出たらあなた、後悔するよって。子どもを連れていっても受け止める、そういう男だったら出なさい、って言う。

比呂美　先生の場合はどういう状況だったんですか。

寂聴　男は「子どもを連れて来てくれ」って言ったんですよ。でもその男も若くて、力がないのはわかり切っていた。子どもがいたら、暮らせなかったのよ。

比呂美　ああ、そういう時代だったんですね。女に仕事がなかった。女が働けなかった。でも、子どもを置いて出たっていう負い目があるから、先生はそれからずっと、弱者とか罪を犯した人とかに共感を抱かれて生きてこられたんじゃないでしょうか。

寂聴　共感というより、その人の立場がなんとなくわかります。犯罪をした人をけしからん、って言う人も、紙一重《かみひとえ》で運がよかっただけだと思うの。私が取っ捕まらないのも運がいいだけでね、私でも他の誰でも、一歩間違えば何をするかわからないのは同じなんですよ。

「フロイトの弟子」の心理療法

比呂美　今思うと、あたし三十代の半ばごろは、鬱がひどくて、抗鬱剤とか入眠剤に依存して、ボロボロになって、生きてるか死んでるのかわからないような時期でした。

寂聴　私もこう見えても四十歳くらいでひどいノイローゼになったことがあるの。結局男を追い出すようにひとり暮らしさせたら、そこに女作って、そういう問題が原因だった。

比呂美　あー、あたしのほうの原因もそんなことかも。前の夫と離婚してもいっしょに住んでいて、お互い別の相手ができて……それがきっかけですね。でも、先生だったらそんなに疲れ果てるまで悩んだりしないで、ぱーんと手放しちまえって、そういうふうになりそうなものですけど……？

寂聴　いやいや、そうはいかない。そうできない自分にも、もうねえ、いやになった。

比呂美　先生も。どうして、そうはいかなかったんですか。

寂聴　知らないわよ。心の問題だもの、だから心が病気になったんだもの。それでお友だちが、古澤平作《こざわへいさく》先生って、日本で唯一フロイトから直接教えを受けた老博士を紹介してくれたの。博士はもう引退していたんだけど、そのころ連載していた私の『かの子撩乱《りょうらん》』を読んでいたから、特別に治療してくれたんですよ。

比呂美　『かの子撩乱』！　あのすごい作品を、そんなときにお書きになっていたんですか。それだけでもすごいのに、フロイトの弟子ですか。すごすぎますね。どんな治療をなさいましたか？

寂聴　博士の自宅でね、ベッドに寝て目をつぶって、思い浮かぶものを全部ことばで言うって、それだけなの。「**アイスクリーム**。**唐笠**《からかさ》。**男の精器**」とか、口に出せないようなことも出てくるのを、全部言っていくのよ。

比呂美　博士はそれをただ聞いておられるんですか。それがフロイト流なんですね。何年かお続けになりましたか？

寂聴　いや短かった。何か月かでノイローゼはほぼ治った。

比呂美　その先生は、ほんとに何もおっしゃらないんですか。薬も何もなしで。

寂聴　そうなの。後で気がついたんだけどね、古澤先生は行くといつも私のことをほめてくれたの。帯と着物の色味がとてもいい、髪型がよく映りますねとかね。それで治ったんじゃないかと思ってるの。そのころはそれどころじゃないからそんなことわからなかった。だから今、私のところに悩みを持った人たちが来るでしょ、私も同じようにどこか何か、ほめるようにしてるのよ。

身の上相談、コツのコツ

比呂美　悩んでいる人の連想を聞くっていうの、あたし昔、よく似たことを長女にやったことがあります。

寂聴　それ、娘さんがいくつくらいのとき？

比呂美　十三歳くらいかな。だって両親は別れちゃうでしょ、家庭が壊れて、アメリカに連れていかれちゃって、ことばは通じないし。母親はこんなふうで、その前数年間はほとんどネグレクトだったし。長女はすっかり鬱になって、摂食障害をやったんですよ。ものすごい反抗的になって。しかたがないから、いっしょに娘のベッドに入って添い寝みたいにして、彼女が心に浮かんだことをぽつぽつしゃべるから、それを何も言わないでふんふんって聞く。それだけ。

寂聴　私のときと同じね。あなた、図《はか》らずもそれをやったの。すごいじゃないの、本能的にやったって。フロイトの弟子と一緒ね。

比呂美　並んで寝てると、顔を見なくて済むんですけど、でもこっちは疲れましたね。まあ、妹ふたりを差し置いて、お母さんを独り占めにできた、言うことを聞いてもらった、っていう自信もついたんじゃないかと思うんですよ。

寂聴　**悩んだ人が来たら、とにかく聞いてあげたらいいの。そして答えを出したらいけないの。**

比呂美　亭主や姑《しゅうとめ》の悪口、しゃべりたいのよ。こっちは、ふんふん、あーそうって。

比呂美　本当にそうですよね。時々、娘のことばを繰り返したんですよ。なんて言っていいかわからなかったから、苦しまぎれに。「悲しかった」っていうから、「そうか、悲しかったのねー」って。でもそれで、受け入れられたって思ってくれたような気がする。けっきょく自分のもとも と持っている力で浄化していったんですけど。

寂聴　そうなのよね、私たちはただ聞くだけでいいのよ。みんな、人の悩みや相談を聞いているとと私のほうが体調を崩したり病気になりませんか、なんて聞くの。ならないよ、そんなことには（笑）。あなたもならないでしょ？

比呂美　なりませんね。娘はともかく、人生相談のときは、相談者との間に薄い昆布が一枚はさまってるくらいの感じで距離を取るようにしてます。ほら鯖寿司《さばずし》にかかってるような昆布ですよ。ライブでも、新聞で答えるときも、同じスタンスです。

心を病んでいたころ

比呂美　自分が鬱になって、ひどい状態になったときは、なかなか治らなかった。今思うとね、自分の価値っていうものに自信がなくなっちゃって、まぁ毎日がみじめでした。

寂聴　あなたのようなそんな元気な人が、どうしてそんなことになるの。

比呂美　男ですね、突きつめると。

寂聴　ああ男か、やっぱり。私もいっぱい薬を飲んだことがあるよ。

比呂美　薬のオーバードーズ（過剰摂取）で自殺未遂なさったっておっしゃいましたよね。その直前の気持ちって覚えてらっしゃいますか？

寂聴　（小声で）いや、覚えてない。男が自分用に買ってあった睡眠薬を、私がお酒といっしょに全部飲んだの。後で、アホなことをしたって、自分に腹が立ったわね。

比呂美　男に自分の苦しみを気づいてほしい、みたいなものですかね。

寂聴　やっぱり、甘えだったんじゃないのかな。鬱ですよね、今風に考えると。

比呂美　ですよね。人のことを好きだ、嫌いだっていう以前に、自分が嫌いになってる感じでしょうか。自分が鬱だったときのことをよく覚えているので、鬱の人たちにほんとに共感します。摂食障害とか、依存症とかの人も、まずは自分は自分だっていう自信をつけてほしいんですよ。

寂聴　今、特に小さな女の子とか若い女性に、行き場のない大変な人って多いでしょう。それで二〇一六年から元厚生労働事務次官村木厚子《むらきあつこ》さんや弁護士の大谷恭子《おおたにきょうこ》さんたちと「若草プロジェクト」っていう組織を作ったんですよ。うちの（瀬尾《せお》）まなほも理事。一人でもそういう人たちを支援したいっていう人が集まってるの。ぜひ、あなたも力を貸してちょうだい。

比呂美　はいっ。あたしでよければ、何でも手伝わせてください。

すべての悩みの根本はコンプレックスである

比呂美　先生、人生相談、身の上相談って結局、悩みをただ聞く、悲しいときはいっしょに悲しむ。あたしたちはそういうことの専門家だという気がするんです。

寂聴　悩みごとをね、周りの知り合いなんかに打ち明けたりすると酷《ひど》い目に遭う。パーッと広められたりするからね。だから、われわれがいるんですよ。

比呂美　ほんとに悩んで体調も悪くしているような場合は……。

寂聴　心のお医者さんに行くべきね。

比呂美　あたしは男女共同参画《だんじょきょうどうさんかく》センターとか、そういうところの相談室に行ってってってよく言います。あたしがやってるような新聞の人生相談じゃ一回きりの一方通行でしょう？　そういうところなら対面して相談に乗ってくれますから。フェミニズム的な、あなたはあなたのままで大丈夫っていう生き方を知ってほしいんですよ。悩みごとの半分くらいは、自分が女であるっていうことで自信が持てなくなっているケースじゃないかと思うんです。

寂聴　そう、自信がないのよね、自分に。

比呂美　たとえば、若い女が「彼氏が合コンばかり行って、セックスはしていないけど遊んでいる。どうしたらいいですか」なんて相談してきたらどうします？

寂聴　そんなのわかるもんか！　**男なんてチャンスがあればもう、いただけるものなら何でも手を出すのよ。**それ、セックスしてるよ、アッハッハ。自分から言う男はいないよ。

比呂美　先生、最近は「男なんて」ってくっちゃダメなんですよ。性差別《セクハラ》になっちゃう。

寂聴　あらそう？　あっはっはっは（笑い飛ばす）。でも、自分の男がどの女からも相手にされないようじゃ、そんな男を亭主に持っててうれしいかしら？　油断したら危ないっていうような男、捕まえているのがいいんじゃない。

比呂美　それは、先生は、ご自身にコンプレックスがないからそういうことを……。

寂聴　あのねえ、どんな人にでも魅力があるのよ。全部がダメな人間なんていないのよ。服を脱いだら自慢なところがあるでしょ、私はここがすてきだって思いなさいってよく言いますよ。悩みのもとは結局みんな、コンプレックスなのよね。

比呂美　なるほど。飲んだらたちまち自信が取り戻せるような頓服薬《とんぷくやく》がほしいですね。それがないから、日々、あたしはOK、あたしはあたし、ってコツコツ自分に言い聞かせて、その気にさせていくといいのかも。人にほめてもらえると即効性あるんですけどね。

暴力男とはさっさと別れなさい

比呂美　男が暴力をふるうDV夫だとしたら、それを受けている女に対しては、先生はどうアドバイスしますか。

寂聴　別れなさいって言う。だって、治らないんだから。暴力は病気だから。言って聞かせても、警察が介入してもダメ。そんなところにいたら、殺されてしまうよね。

比呂美　先生は暴力を受けたことはおありじゃない？

寂聴　家を飛び出すときに、当時の夫にガーンって、目のところをやられた。でも私のほうで、暴力を受けて当然だと思っているときだったのよね。そのときのケガがもとで、何年も経ってから私の右目は見えなくなったの。

比呂美　うわあ、すごい、右目が……。

寂聴　そのとき私、顔がお岩さんみたい腫れあがったからお医者さんに行って、「昼寝してたらタンスの上のアイロンが落ちて来たんです」って言ったの（笑）。そしたらお医者さんが「みなさんそうおっしゃいます」って（笑）。ハハハ。家を出るとき、眼帯して出たのよ。

比呂美 想像するとすさまじい光景ですね。先生ご自身は、男に暴力ふるったことおありになりますか？

寂聴 ないわよ。力が弱いもの。本とか何か、投げつけるくらいね。

比呂美 まあ、それはさすがです。あたしはありますよ。死んだ夫が元気に生きてたころですけど、噛《か》みつきました、ガブリって。腕に歯型がついて紫色になっちゃって。夫に通報されたら、アメリカだと大事《おおごと》になるところだったんですけど。

寂聴 よっぽど腹が立ったのね。

比呂美 もうね、噛みつかざるを得なかったんです。英語で大ゲンカになって、英語ではたちうちできなくなって、追いつめられて、逃げ場がなくなって。

寂聴 それで噛みついたの。ヒャヒャヒャヒャ……（爆笑）。

比呂美 相手は三十近く年上だし、殴っちゃいけない、蹴ってもいけないと思ったら、つい口が出ちゃった。ガブリとやりながら「窮鼠《きゅうそ》、猫《ねこ》を噛む」ってこのことだと思いました（笑）。

出家の原因は女性ホルモン

比呂美　先生、性欲についてお聞きしますす。何年か前に対談したとき、先生は「この歳になると性欲がフワッと湧いて、スーッと消えて……」って、「昔はこんなものじゃなかった」っておっしゃったんです。

寂聴　そうね、今はさっぱりしてる。だけどまったく性欲がないかっていうと、そうでもないのね。

比呂美　そこなんですよねー。九十五歳でそんなことがあるんですか？

寂聴　なんかね、ほわぁっとするときがあるわね。からだのどこかが何となく「ふぅっ」とする。そして一瞬なの。ずっと続くわけじゃない。でも、じゃあちょうどそのときにそばに誰か男がいて、その人と寝たいかっていうとそうじゃない。

比呂美　それは、性欲といっていいですか？

寂聴　やっぱりそうじゃないのかしら。それでね、ちょっと強調しますけど、九十五歳でも百歳になってもね、この現象はあるんじゃないかと思う。

比呂美　ありますか。人間ってのはすごいもんですねえ。あの、あたしは閉経して五、六年になりますけど、今までにないくらい頭が澄み渡ってるんです。

寂聴　アハハ、今まではそうじゃなかったのあなた。

比呂美　ええまったく。濁りきってました（笑）。でね、今まであたしの頭がそうではなかったのは、女性ホルモンのせいであったかと気づいたんです。初潮が十二歳くらいとして、四十年以上もあたしは、女性ホルモンに操られていたのかって今、忸怩《じくじ》たる思いなんですよ。

寂聴　**私が出家したのもそうね、女性ホルモンのせい。**

比呂美　やっぱりそうですか。じゃあね、先生は不邪淫戒を守ったけど、あたしらみたいな俗世の者が九十五歳になったら、性欲って……。

寂聴　あると思うよ。私の世代は、そういうことがあるって言うのはみっともないというふうに育ってるから誰も言わない。でも、やっぱり性欲はあるし、セックスもできるんじゃないかと思うわね。

比呂美　乾いてなければですけどね。

「なんで奴隷を探さないの」

比呂美　歳を取ってもずうっと仲のいい夫婦っているじゃないですか。一心同体っていうか一蓮托生っていうか、そんなふうな。

寂聴　大庭《おおば》みな子さん（作家）は夫の利雄《としお》さんと一体だったわね。みな子さん本人が「利雄は私の奴隷なの」ってはっきり言っていたけど。

比呂美　先生には、奴隷はいなかったでしょう。

寂聴　**会うたびにみな子さんにも怒られていたよ。「なんで奴隷を探さないの」って**（笑）。でも、私はそんな、尽くして奉仕してくるような男なんて嫌いなんだもの。気持ち悪い。

比呂美　先生のほうが尽くす側なんですよね。

寂聴　そう。で、すぐ甘やかす。だから私の好きになった男は中途半端になるのよ。

比呂美　あたし、六十過ぎっていう年代になってきまして。同世代でも、まだパートナーが元気で、いっしょに生きていく女がいるじゃないですか。ひとりで生きていく身としては、うらやましいなって思うんですよね。

寂聴　私はそんなのがいなくて、「ああ、よかった」と思ってる。

比呂美　えー。どんなのでも、いたほうがいないのより寂しくないじゃないですか。まあ、先生は途中から出家っていう形をおとりになったから、また違うとは思うんですけど。俗世に生きていらしたら、ずうっと男といて、その世話をしていたくはなりませんか。

寂聴　自分のせいで男がダメになっていくのを何度も見てきたから、もうそういうこと、したくないね。

女の盛りは五十代

比呂美　先生、ずいぶん前にどこかで「女のセックスは五十代が一番」っておっしゃってたのをお見かけしたんですが。

寂聴　そうだったかしら。私、五十代には何にもしてないのにね（笑）。でも五十歳くらいって女の盛りだと思う。それとね、五十歳過ぎたら生理がなくなるでしょう。子どもができる心配をしなくてよくなる。それはいいわよ。

比呂美　四十代後半から五十代っていうのはやっぱり、確かに一番よかった（笑）。まだ欲望はあったし、あといろんな経験してきて、知恵もついてるし、度胸もあるし。それが、閉経して何年かしたら、乾いて痛くなったり、ホルモンで欲望が少なくなったりするんです。あ、これはあたしだけの経験じゃないですよ。この年ごろの女たちの総意ですよ。

寂聴　でもあなた、よかったってことをずっと覚えてる？　ああー、私、どうも思い出せない（笑）。

比呂美　だって先生にとっては、五十年くらい前ですもの。半世紀ですよ。あたしにとってはつい十年前のことだから。四十代半ばから五十代にかけて、「なんでっ？」っていうくらいセックスがグレードアップした、あれはまざまざと覚えています。

寂聴　それはあると思うわね。開眼するのよ。ずっと同じ相手だった？

比呂美　そうですよ。あたし人が思っているほどいろんな男とセックスしてないんです、実は（笑）。先生もそうでしょう？

寂聴　そんなにしてない。でも人が思っているよりしているかもしれない（笑）。

不倫は「落雷」

比呂美　先生、どうして日本の社会って、不倫した人をあんなにヒステリックに叩くんでしょうねえ。

寂聴　ほんとよねえ。世界の名作は全部、テーマが不倫ですよ。不倫がダメだっていうなら、小説なんて面白くもなんともないじゃないの。

比呂美　アメリカでもよくは思われないですけどね、でもそんなに問題にはならないですね。すぐ別れちゃうからかも。

寂聴　法話でも言うんですよ。**不倫はしかたがない、雷に当たるようなものだからもう、逃げたって当たるのよ。**でも、相手の家庭を壊して自分が奥さんにおさまろうなんて考えるのはダメよ。人の不幸の上には幸福は成り立たない、っていうのが私の主義なの。不倫をするならばあくまでも慎ましくしなきゃいけない（笑）。

比呂美　あたしがおかしいと思うのは、お笑いの人とか落語家とかが、不倫したことがバレて、それで謝る。

寂聴　おかしいわよねえ。

比呂美　だって誤解を恐れずに言えば、イイ男ってたいていツバがついてるから、不倫になっちゃうわけですよ。何でこんなに騒ぐんでしょうね、日本人は。

寂聴　やっぱり焼きもちじゃないの？

比呂美　焼きもち？　いっぱい持っている人への？　夫がいながらいい男とセックスしやがって、みたいな？

寂聴　自分よりいいことしてると思うんじゃない？　自分が幸せじゃないから。

比呂美　嫉妬ですかね。だけど表向きそうは言わなくて、道徳とか正義とかで攻めてくる。不倫か有倫か知らないけど、「正しさ」みたいなものにみんながひれ伏しちゃってるような。正義がまかり通っちゃったら、世も末ですよ。

寂聴　あはは、そのとおりだわね。それにしても、お茶ばっかり飲んでこんな話ばっかりよくするわねえ。まだ明るいけど、お酒、持って来てくれないかしら（秘書に頼む）。

第三部

先生、死ぬってどういうことですか？

今夜にでも、コロッと死にたい

比呂美　今度のご病気のあとで老いを感じたっておっしゃいましたが。

寂聴　九十歳過ぎて病気したでしょう。今までの病気なんかすぐ治ったけど、今度のはやっぱり、今までとは違ったね。

比呂美　**じゃあ今は、死ぬっていうのがこう、射程距離に入っている感じ？**

寂聴　もう今夜死んでもいいと思っているよ。だって九十五歳よぉ。毎日死んだ人の記事が新聞に出ていて、九十過ぎってあんまりいないわよ、そんな。

比呂美　石井桃子《いしいももこ》さん（児童文学者）は百一歳でしたね。

寂聴　もう百歳まで生きたくないけどね。死ぬならコロッと死ぬのがいいね。

比呂美　その瞬間は、どんなものだとお考えですか？　痛いか、苦しいか。

寂聴　だから痛い、苦しいはもういやだから、……ちょっと転んで「あ、死んだ」みたいなのがいい。

比呂美　その転んでるっていう瞬間に「あ、死んでる」って気がつくんでしょうか。まさにそこが知りたいんですよ。

寂聴　一番の理想はね、夜中に原稿を書いていて、くたびれ果ててこう原稿用紙に突っ伏した瞬間にね、死ぬのよ。朝に秘書が来て、まだ寝てると思って私を触ったら「死んでる」って……それがもう理想。

比呂美　ほんとに健康な状態で歳を取って老衰で死ぬときは、スッ……って死ぬんですって。「かみすぢ切るがほどのこと」って、髪の毛一本切るようなことだって、法然《ほうねん》も言ってますねえ。

寂聴　ウン、痛くないんだってねぇ。

美しいご遺体たち

比呂美　先生はもうずい分、親しい方々の死に立ち会われたんでしょう。

寂聴　宇野千代さんがよく「長生きしたい。そうすれば死ぬとき、木の葉がはらりと落ちるように痛くもかゆくもないのよ」って言ってたのね。お通夜に行ったのだけど、それはそれはきれいだった。親しかった女優の山本陽子《やまもとようこ》さんが喪服着てすぐ横にいたけど、その彼女より宇野さんのお顔が神々《こうごう》しくって、びっくりしたわね。
比呂美　老衰で死ぬと苦しくなくて、安らかなんですね。あとはどんな方が印象的でした？
寂聴　私が『美女伝』に書いた宮田文子《みやたふみこ》さん（美容専門家）。何度か結婚して、ヨーロッパで暮らしたり事業をしたりして、最後は帝国ホテルで暮らしていたの。ホテルで亡くなったところに呼ばれていったんだけど、やっぱりきれいだったわね。八十歳くらいだったけど。
比呂美　先生の小説『爛《らん》』で、主人公の女は七十九歳で自殺するじゃないですか。
寂聴　そうそう、あれは宮田さんの実話なの。ビニールかぶって、小説の通りに死んだの。
比呂美　実話だったんですか。うわあ、知らなかった。そんなことできるんですか！　七十九歳で。いや、でもそんなふうに死んだら、やっぱり苦しいでしょう、最期は。
寂聴　だけどね、足を縛って、きれいな顔をして、苦しんだふうじゃなかったそうよ。もう美意識のある人で、とにかくみっともなくなって死ぬのがいやだったのよ。自分の母親をずうっと介護していたんだけど、人の世話になって、汚くなって、みんなにみられて死ぬのはいやだ、って思ったんでしょう。

最後は断食で美しく

比呂美　老いさらばえて醜くなって死ぬのがいやだっていう美意識ね。先生はそういうのお持ちじゃないでしょう？

寂聴　ないわね。人がそれを貫くことは理解するけど。

比呂美　結局ほとんどの人は「死ぬまで生きる」しかないじゃないですか。いろんな人をみていても、老いさらばえて人の手を借りるのは、うれしくはないけど、しかたないと思えます。そこはどうしたらいいんでしょう。

寂聴　黙って死んだらいいじゃない。ものを食べなきゃ死にますよ。

比呂美　え……。じゃあ、意識さえはっきりしていれば、餓死というか、断食というか、そういう方法もあるわけですか。

寂聴　うん。私は最後はそうしようと思っているの。食べないで、水を飲まなきゃ死ぬ。九日間で死ぬらしいよ。

比呂美　そうですか……。苦しくないのかしら、それ。

寂聴　そりゃ苦しいけどね、三日間くらい苦しいけどね、あとはもう、ラク。

比呂美　そうですかぁ。寂聴先生がおっしゃったからって、日本人みんながそれをやり出すかもしれませんよ。

寂聴　それは困るわね（笑）。

比呂美　友人の友人に、そういうことがあった。アメリカのホスピスに入っていた人ですが、自分の意思で食べなくなった。そしたらほんとにすぐだったそうです。意思を強く保てる人は自分の命を絶てるでしょ。でもほとんどの人は、絶たないんじゃないかな。みんな、生きていたいと思うんじゃないかしら。

寂聴　でもね、昔のお坊さんはずい分そのやり方で死んでいるでしょう。

比呂美　おお、たしかにそうですね。そしたら、自分でコントロールできるわけですよね。昔の人ってほら、「今日死ぬ」とか言って実行してますもんねえ。

寂聴　私もイザとなったらしようと思ってる。

比呂美　その「イザ」とは、いつですか？

寂聴　書けなくなったらいやね。それからやっぱり、トイレよね。（声をひそめる）人に頼むのはやっぱり、気持ち悪い……。

気が付いたらお医者のほうが早死にしてた

寂聴　比呂美さんね、いくつになったんだっけ。

比呂美　六十二歳です。

寂聴　まだまだ若いね。でも私、ちょうど六十歳のとき、心臓専門の医者に「仕事やめなさい」って言われたのよ。

比呂美　えー、あたしぐらいの歳でほんとに書けなくなったかもしれないんですか。

寂聴　「書く仕事も、乗り物に乗って講演行くのも一切やめなさい。六十歳のおばあさんらしく、草むしりでもしていなさい。そうじゃないと早く死にます」って。

比呂美　それでおやめになったんですか。

寂聴　**どうせ死ぬならと思って仕事を倍にして、それまで以上に書いていって、気が付いたらね、そのお医者さんが死んでいた。**

比呂美　ハハハ、すごい話ですね。だけど確かに、われわれの生きる道って、書く・また、書く・もっと書く……しかないですもんね。

寂聴　そのこと覚えていたからね、六十歳はもうおばあさんで、死ぬっていうイメージがずっと頭にあったの。でも今は違うね。八十歳でも九十歳でも仕事できるでしょ。比呂美さんなんか、まだ大きな恋愛しそうね。

比呂美　そうですかー。いや、実は……って、あたしだっていろいろ、こういうところで言えることと言えないこととありますからね……。

寂聴　私はもう、隠さなくちゃいけないことなんてないわね。

比呂美　じゃあ、あたしも先生くらいになったらもう何も隠さないでいられますね。あと三十年か、ウン、がんばれるかも。

寂聴　そうそう、いいじゃない。

「生まれさせてもらった命」に価値がある

比呂美　今ね、「自分には生きている価値があるのでしょうか」って相談に来る人が多いです。鬱じゃない人の中にもね。そういう相談が来たら、先生なら何と……。

寂聴　「生きている価値があるからこの世に送り出されたんだ」って言ってあげたら。

比呂美　ああ。その人が生まれるそもそもの段階の話ですね。

寂聴　あなたが今、生きている価値がないと思うのはどっかで間違っているんですよ、って言うわね。生きている価値がない人は、この世に生まれてはこない。

比呂美　でもたとえば、親が望んでいない状況で生まれてくる子どもがいるでしょう。

寂聴　**望まれていない現実があっても、生まれてきたっていうのは、やっぱり何かが生まれさせているのよ。**その何かを、神や仏って言うこともできる。だってそうでしょう、すごい数の精子がたったひとつの卵子に出会うなんて神秘じゃないの。そうやって生まれるべくして生まれてきたの。男と女がセックスしてもかならず生まれるわけじゃないでしょう。

比呂美　なるほど。人間を超えた何かに生まれさせてもらったんだと。そう考えると、その人の存在を丸ごと受け止めてあげることができます。

寂聴　この世にあなたが必要だから生まれてきた。だから、生きる価値がないと思うほうが間違っているのよ。

犬やネコも仏様になれますか――比呂美

比呂美　この世に
ある人間以外の生き物にも魂みたいなものがある、「仏性《ぶつしょう》」って言いますけど、あたし動物も植物も好きなんで、仏性、よくわかる気がするんです。

寂聴　私、動物は苦手なの（笑）。

比呂美　うそ……。

寂聴　尼さんがそれでいいのって言われるけど。でも花や木なんかはね、好きですよ。

比呂美　じゃ、犬やネコなんかはどうでもいいですから（笑）、先生、植物に……花や草木に、魂があると思います？

寂聴　あると思う。だってまた咲くじゃないの。花のことばが聞こえるっていう人にふたりぐらい、会ったわよ。花と話ができるって。

比呂美　あたしにも彼らのことばが聞こえます。山川草木《さんせんそうもく》ナントカカントカって言いますよね？

寂聴　山川草木悉皆成仏《しっかいじょうぶつ》。心のないものにも仏性は宿るという考え。

比呂美　そうそう。ほんとに、草木の魂を感じます。でも草木が死ぬとき、われわれの死と、全然違う死がそこにありませんか。すっかり枯れたのにまた出て来たり、そこじゃない別のところでしぶとく生きてたり。

寂聴　寂庵の庭の木ね、いろいろな人が持って来てくれたのよ。みんなその人たちは死んでしまったけれど、私が見たらこの木はあの人、あっちはあのときの、ってみんなわかる。小さな苗木だったのが、全部大きく育ったの。

比呂美　魂のお墓、みたいですね。

お墓の話

比呂美　先生、亡くなったら、どんな形でからだを処理してもらいたいとお考えですか。

寂聴　もう普通に焼いて、それでお墓に入れてもらいたい。私が今は名誉住職になっている岩手県の天台寺に、私の分のお墓をちゃんと買ってある。

比呂美　先生のお墓がそこ一か所だけですか。みんなほしがるでしょう、仏舎利《ぶっしゃり》（お釈迦様の遺骨）みたいに。

寂聴　アハハ、私のお骨がほしかったらどうぞご勝手に、って思ってますよ。生きてる人たちで、分けたかったら分けてくださいと。

比呂美　あたし自身は、全部どっかにパーンと撒《ま》いてほしい。何も残したくないです。

寂聴　このごろすごく相談が来るのはね、大切な人が死んだのだけれどもお骨をお墓に入れたくない、ずっと手元に持っていたいっていうのね。

比呂美　まあ、いけないことなんですか？

寂聴　聞かれたらね、「骨を持っていたいならそうしなさい」って言います。お骨を家に置いておくとよくないことがある、みたいな言い伝えはあるけど、そばにいてほしいわけだからね。

比呂美　日本の法律ではどうなんでしょう。

寂聴　お骨は墓地に収めなきゃいけない、勝手に埋めたり、撒いたりしてはいけないっていうのは決まっている。でも家に骨を置いておくのは違法ではないのよ。私の知り合いは、食べてましたよ。

比呂美　食べる？　**あむあむ、って口でかじって？**

寂聴　高温で完全に焼いてあるし、カルシウムだからいいんじゃないの？　その人、恋人の骨を少しずつ、ずうっと食べていたわね。相談があると、食べたければ食べなさいって言っている。

遺骨は食べたほうがいい

比呂美　夫の遺骨というか遺灰がまだ家にあるんですよ。

寂聴　本当に骨についての相談が今は一番多い。恋人の骨や親の骨がまだあるとか。私は、気が済むまで置いておいたらいいいって、いつも言ってるの。

比呂美　親の骨もあります。でも半分アメリカに持って行ってあったから、その分は、こないだ、コーヒーミルを買ってきてがりがりって粉にして、アメリカの家の近くの浜辺に撒いたんです。夫のは別の機会にでも砂漠に撒こうかと思うんですけど。

寂聴　食べてあげなさいよ。

比呂美　え～、以前対談した宗教学者の山折哲雄《やまおりてつお》先生からもそれ勧められたんですけど、でも……なんかそんな気にならない。食べたくないですよ。

寂聴　うちに相談に来る人はみんな、食べてるよ。食べると安心するらしいね。

比呂美　いっぱい食べるんじゃなくって、少しかじるでいいんですね。親のならできます。やってみますかね。夫のはアメリカの葬儀社から渡されたときに、もう細かい灰になってるから、あんなの食べたらむせちゃうと思います。

寂聴　あのね、私が作った句集（『句集　ひとり』）に「骨片《こっぺん》を盗みし夢やもがり笛」って句が出てるの。私じゃなくて知り合いの編集者が私の代わりに男の骨を盗んでくれたのよ。

比呂美　骨を？　先生、それ食べました？

寂聴　食べた食べた。でも味も何もない。苦くもなかったよ。焼いてるからね、ばい菌とかもないのよ。

比呂美　へえ。汚いとは思わないですけど、まずいだろうなって気が……。ほら精液を飲むみたいな、ちょっと「う」っていうような（笑）。

寂聴　それとはまったく違うわよ。

身近な人の死をどう受け止めるか

比呂美　このところ両親と夫、それから親しい人たち、年寄りを続けざまに見送って思うんですが、「もうちょっと優しくしてあげればよかった」って、折にふれて考えるんですよ。

寂聴　そういう相談も多いの。家族は、か・な・ら・ず「もっとしてやれることがあったはず……」って言う。亡くなったら一巻の終わりでもう何もしてあげられないから悩むのね。そのときは、それはとても優しい気持ちであって、仏さんは十分尽くしてもらった、感謝しているよって伝えます。

比呂美　先生ご自身は、近親者のお見送りってどうされました。

寂聴　母は空襲で焼け死んだし、父は私のことを心配したまま死んでるし。どっちも変死みたいなものね。いわゆる大往生とは違う。

比呂美　後悔なさいました？

寂聴　私が夫と子どもを置いて家を出て、京都で仕事もなくて、それからいよいよ東京に出て小説の勉強するとなってからも、父はもうずっと心配してたらしいですよ。結局、私のために働かなきゃって、ガンを患《わずら》っているところに無理なお灸《きゅう》をして死んだのよ。ひどい親不孝娘ですよ。

比呂美　好きだった男が亡くなったときは、後悔なさいました？

寂聴　後悔はしない。私は、仲良くしている男には人の何倍もよく尽くしてるからね。ひとりは私のとこと家庭を行き来していたのが、奥さんのほうに帰っていって、そこが私は気に入らないけど（笑）、その後病気になったのは私のせいじゃない。別の男も、私にはどうしようもない事情で死んだ。だから彼らの葬儀にも行かないほうが礼儀だと思ったわね。

比呂美　喪失の哀しみが癒《い》えないって相談が来たら、うんと悲しむしかないですって言うしかないですね。それと、初七日《しょなのか》とか四十九日《しじゅうくにち》とか風習があるでしょ。

寂聴　めんどうくさいわね。

比呂美　尼さんがそれを言っちゃっちゃあ……。でも、それがいいかなと思って。その集まりのたんびに、お悔やみ言われて頭を下げて、故人を偲《しの》んで。これを繰り返しているうちに、哀しみが少しずつ癒えてくるのかなあと。

寂聴　お盆だってそうよね。アメリカはどうなの？

比呂美　教会に通っている場合はいろいろな儀式もあるでしょうけど、うちみたいにまったくの無宗教だと、死に関する集まりって一切なにもしませんでした。ひとりひとりが工夫して近親者や友人の死と向き合わないといけないいんですよ。

安楽死を考える

比呂美　先生、単刀直入にお聞きしますけど、安楽死、どう思います？

寂聴　早く法制化してもらいたい。だって、ラクじゃないの。私は安楽死の協会に入っているのよ。ずい分早いうちから。生きていてもしょうがない状態になったら無理に延命してもらうの、無駄じゃない、そんなの。人間は寿命が来たら自然に死ねばいい。

比呂美　脊柱管狭窄症とか圧迫骨折ですごく痛かったとき、殺してくれとか思いませんでしたか？

寂聴　殺してくれとは思わなかったけど、生きていてもしょうがないとは思った。もう痛い痛いって苦しんでるときはね、殺してくれなんて考えるヒマもないのよ。

比呂美　夫が死ぬ間際、あたしたちの住んでいるカリフォルニア州で、安楽死が合法化されそうになって、彼は「このまま生きていて、そのための費用で家を手放したり借金を残したりするぐらいなら、安楽死しかない」って泣いたんです。

寂聴　アメリカの医療はお金、かかるからね。河野多恵子《こうのたえこ》さん（作家）が昔、旦那さんとアメリカにいてそう言ってた。

比呂美　ええ、バカ高いんですよ。でも、そんな経済的理由で死を望む「安楽死」なんて、認めていいのか、わかりませんでした。あたしの父は、壁に「延命措置はしないでほしい、救急車はよばないでほしい」って書いて貼ってあったんですけど、死ぬ直前になって、その紙をはがしたんですよ。もしや人間って、生物として、死ぬまで生きたいのかもしれないと、それを見て思ったんです。母も寝たきりになった最初のころは、死んじゃいたいって言ってたのに、自分の状態を受け入れた後は、もう、死ぬまで生きてました。今のあたしは、家族や自分が苦しむより、安楽死がいい、と思いますけど。でもそのときになったらどう思うかわかりませんね。

死ぬときも耳だけは聞こえている

寂聴　私、今九十五で、まだ仕事してるでしょ。秘書のまなほが、みっともない、全部やめたらいいじゃないってよく言うの。だけど仕事をやめたらね、生きていてもつまらない、何にも楽しみがないじゃない。それこそ死んだほうがましじゃないかって、悩んでるの。フフ。

比呂美　先生、ほんとに思ってらっしゃる？　何にも楽しみがない？

寂聴　ないない。お酒も手の込んだ料理も昔ほど美味《おい》しいと思わなくなった。外に行ったら次の日にくたびれるから、もう行く気がしなくなったの。まして東京なんて、なかなか出られない。話したいと思う友だちはほとんど全部、死んだしね。

比呂美　ああー確かに。それはつまらない……かも。

寂聴　もうほんとに、何で生きてるのかしらと思うわね、ハハハ。でもまだボケてはいないからね、死ぬとき頭がしっかりしてたら、誰かに「今死ぬよ、死ぬときはこうこうだよ」って言いたい。全部録画してもらったら、役に立つんじゃないかと思っている。

比呂美　自分が死ぬときってね、わかると思います？

寂聴　私はわかると思うわね。

比呂美　そのときってていうのは、ああもう自分は向こうに行くんだ、ってわかっているのかしら。それとも知らないうちにすーっと行く、みたいな感じ？

寂聴　意識は相当薄れていると思う。でも、私は実際に見ているんだけど、耳は最期まで聞こえるっていうのは本当みたい。たとえば佐藤長《さとうひさし》さんっていう学者とは私が北京で新婚生活を送っていたころからの旧《ふる》い知り合いで、京都の町家《まちや》を私に遺してくれた人なの。そのチョウさん（佐藤さん）がもう死ぬっていうときに、昔の、北京時代の楽しかったことばかり話したのよ。もう表情はなかったけど、すごく落ち着いた感じになって、そのますぅーっと意識が遠のいていった。

比呂美　そのまま、亡くなったんですか。

寂聴　そう。姉もガンで死んだとき、ご臨終《りんじゅう》だって言われたんだけど、小さいときの楽しかった思い出を私が話して聞かせたら、安らかな顔になって逝ったの。

比呂美　つまり、医学的には生命反応がなくなっても、意識がなくても、聞こえると。

寂聴　そう。だからご臨終だって聞いたそばから、貯金通帳がどこだとか言っちゃダメなのよ。

仏さんには、全部聞こえてるんですって。

比呂美　じゃあ、人間って、どの時点で死んだことになるんですかね。わからないですね。

やはり死は「無ではない」？

比呂美　夫がね、死ぬ前の日に、処方された一日モルヒネで、ずーっと夢を見ていたんですけど、その夢の中で仕事をしてたんですよね。それは彼の一生、ずっと、家族よりもあたしよりも大切だったことなんですよ。あれ、本人はどんな感じだったんだろうって今でも思います。

寂聴　死にそうな人にはとにかく、「あなたが好きよ、好きよ」ってだけ言ってたらいいのよ(笑)。

比呂美　「あなたが好きよ」っていうより「あなたの絵が好きよ」って言ってあげたほうがうちの夫は喜んだと思いますよ(笑)。彼は死ぬ二年前くらいまですごくいやな男だった。でも弱ってきたら、そのいやなところが全部なくなって、なんか浄化されたんですよ。

寂聴　そういうものらしいよ、人間は。

比呂美　死ぬ数週間前に最後のケンカをしたんですね。それがあたしの後悔になっていて、いまだに全部覚えてるんですよ、やりとりを。……だから、やっぱり死んだら「無」じゃないのかも。何か残っているのかも。

寂聴　私はよく法話で言うのだけどね、**死んだ人の魂はこの世で一番気にかかる人のとこにいつもやって来ていて、その人が幸せになるように見ているのよ**、って。聴いている人はみんな、ホッとした顔をするわね。

比呂美　そうですか。じゃあたとえば、夫が一番気にかかるのはあたしだから、魂がやって来るでしょう。そしたらあたしが他の男とセックスしてたらどう思うのかしら。

寂聴　アッハッハッ。どう思おうと向こうの勝手じゃないの、そりゃ。

比呂美　先生はあちらに行ったらどうなると思います？

寂聴　私、どうしてって言われたら困るんだけどね、死んだらやっぱりみんなに……男たちとか、友だちとか、会える気がする。会っていやじゃなくて、また会えたねぇと思うんじゃないかという気がしますよ。

死ぬときは、ひとりがいい

比呂美　先生のお知り合いで最近、亡くなった方というと……。

寂聴　日野原重明《ひのはらしげあき》さん(医師、聖路加国際病院名誉院長)ね。あの人、死ぬ前にテレビのインタビューで「死ぬのが怖い」って言ったらしいね。

比呂美　たしかすごくお歳の人でしょう。

寂聴　私の十歳上。もう七十年以上お医者さんをしていて、患者さんの死をたくさん見ているはずでしょう。でも、次男のお嫁さんが「婦人公論」に、日野原さんがそう言ったって書いているのよ。私、困っちゃった。

比呂美　先生、どうして？

寂聴　私、追悼文を頼まれて、「日野原さんが亡くなっても悲しくない。この人がいたことがいつまでも残っているから」って書いたのよ。それなのに「死ぬのは怖い」と言われたらこっちは困るじゃないの(笑)。

比呂美　ははは、自分勝手な。

寂聴　お嫁さんが「どうしてほしいですか」って聞いたらね、「とにかくそばにいてくれ」って言ったんだって。それは「なるほどね」と思った。

比呂美　うんうん。先生もそう思ってらっしゃるの？

寂聴　私は煩《うるさ》いと思う、人がいたら。死ぬときは、ひとりがいい。

比呂美　一遍《いっぺん》みたい。「生《しょう》ぜしもひとりなり、死するも独《ひと》りなり」って。先生に昔教えていただきましたね。

無になるってどんな気持ち？

比呂美　先生は死ぬときは痛いのいやだから薬で楽に死にたいとおっしゃいますが、それじゃ、つまんないじゃないですか。

寂聴　どうして。痛いのなんていやじゃないの。

比呂美　だってその場で、こうこの世からあの世に渡る感じを味わいたくないですか。

寂聴　だってもし味わえたって、それを書けるわけでなし。誰に伝えるっていうのよ、アハハハ。

比呂美　……確かに、伝えられませんね。じゃあ、死ぬということはやっぱり……。

寂聴　（さえぎって）死はやっぱり「無」だね。今度、心臓の病気をしてすごく、無を感じましたよ。退院できずにずっと病室にいたとき、フッ……と。私「あ。今『無だな』って感じたから、書いておいて」って言ったんだけど、誰もいなかった（笑）。

比呂美　フッとそんなことをお思いですか、先生でも。「死んだら無だ」って。

寂聴　そう。だから、いつ死んでもいいと思った。

比呂美　実はあたしも「無だ」と思います。まだ人と死別した経験は、先生に比べたらすごく少ないんですけどね、何となくね。でも無だすると、たとえば浄土とかはない……？

寂聴　そりゃ、私は法話をしているから、「ある」って言わないとみんなに悪いじゃない（笑）。

比呂美　ははははは（爆笑）、じゃ、ここだけの話ってことで（笑）。

寂聴　ハハハハ。里見弴《さとみとん》先生が九十四歳で亡くなる前に対談したときにそう言ってるの。私が「先生、死んだらあの世で、恋人のお良《りょう》さんに会えますか」って聞いたら「会えるもんか。無だよ」って。そのとき潔《いさぎよ》くてカッコいいなと思った。

比呂美　今回のご病気で、寂聴先生は初めて「無」と思われたんですか。前の病気のときはどう思われましたか。

寂聴　前はそこまで病気していなかったからね。考えたことがなかった。考えても意味がないと思ってたからね。哲学者や宗教家がいろんなこと言ってるでしょ。だけど、あれは彼らが死んでないときの言葉だからね。ほんとに死ぬときは、「あーあんなこと言わなきゃよかった」と思って死ぬんじゃないかしら（笑）。

比呂美　日野原さんでさえ「怖い」っておっしゃったということは、無になることは、やっぱり怖いことなんでしょうか。

寂聴　うーん、無になったら……いい気持ち、なんじゃないかな。

「いつ死んでもいい」と思うわけ

比呂美　死ぬときは、やっぱりこの世が好きだと、そこから離れていくのは怖いし、寂しいんじゃないかと思うんです。先生はいかがですか。

寂聴　私、この世が嫌いではないけど、でももう一通りは見たと思う。だから離れていくことは平気。いつ死んでもいい。死ぬのが怖いだなんて、そんな女々《めめ》しいことは言わない。

比呂美　そうですか。じゃあ、明日、でもOK？
寂聴　うん、今夜でも。寝てる間なんて最高ね、痛くなさそうだもの。
比呂美　そしたら、そんな急死だとものが残るでしょう。書いたものとか、買ったもの。
寂聴　だから今、どんどん捨てている。見られて困るようなものは。
比呂美　あ！　やっぱりあるんですねー、困るものが。
寂聴　もうないと思っていたらね、昔の日記だとか、あらーこんなものがまだ、って。読んでみたらくだらないものばっかりだけれどもね。
比呂美　でもそれ、評伝を書く作家さんが丹念に読んでくれたら、後の世に新しい瀬戸内寂聴って人物像が残るかもしれないじゃないですか。
寂聴　……どんな優秀な人にも、そんなの読まれたくないわ。
比呂美　そういうもんですかね。でも先生に評伝を書かれた人たちも、そう思っていたかもしれませんよ（笑）。

ペットを捨てる、親を捨てる

比呂美　今犬がアメリカに二匹いて、これがあたしの最大の関心事なんです。先生は動物をお飼いになったことは？

寂聴　だいぶ前にネコを二匹。寂庵にお墓があります。

比呂美　ほう。動物じゃ、ネコがお好きですか。

寂聴　いえ、むしろあまり動物は好きじゃないの。でも小説にネコが出るからね、飼ってみなきゃならなくなったの(笑)。そしたら動物って誰に養われてるのかってわかるのね。家にほとんどいない私がたまに帰るでしょ。そうしたら二匹がうれしそうにするのよ。へぇぇと思った。

比呂美　でもその二匹が死んだあとは、動物なしだったんですね。

寂聴　ん、ブタみたいに太ったシロと、頭がよくてかわいかったクロ。両方とも私の留守に死んでくれたからよかった。

比呂美　シロにクロ。なんだかすごく適当な名前ですが……(笑)。あたし、犬が死んだときは泣けなかったけど、その後、灰を引き取りにいったときには、つい涙が出ましたね。父が死んだときは泣いたんですよ。母が死んだときも、こないだの夫のときも、涙は出なかったです。

寂聴　ハハハ……犬と比べちゃねえ、あなた。

比呂美　だって夫とはいろいろ悶着《もんちゃく》があったけど、犬は全面的にこっちを頼ってきますもの。今いる二匹のうち、日本に一匹連れてくるんですよ。もう一匹、歳取った小犬ですけど、置いてくる。娘がみてくれるんですが。でも、何でその犬を捨てて日本に帰るんだろう、最後までみてやれないんだろうって、気持ちにのしかかってくるんですよね。

寂聴　両方は無理なのね。

比呂美　はい。それでわりと冷静に「ヨシ、こっちは置いてくる」って決めた。しかたなかったんです。父を捨ててアメリカに行ったのも、何で捨ててきたんだろう、いや、しかたがなかった、この繰り返し。

寂聴　お父さんと犬が同列になってるよ。

比呂美　え、そうなってますか？　でもまあ、生きているものとしては同列、って言っちゃダメですかね。悉有仏性《しつうぶっしょう》（あらゆる生き物の中には仏がいる）ですもの。**今のあたしには、犬をどうするかってことが、子どもよりも何よりも大きいんです。**

第四部

小説家という「生き物」

作家の煩悩

比呂美　先生、煩悩《ぼんのう》についてお聞きします。あたしたちのような物書きって、書かずにおられようかっていうのがあるでしょ。

寂聴　あるわね。

比呂美　それ、目的は何でしょう。

寂聴　自己顕示欲とちがう？

比呂美　とすると、顕示すればいいんであって、別にほめられなくてもいいと……。

寂聴　そりゃ認めてもらいたいわよ！

比呂美　そうですよね。やっぱり書く以上はほめられないと。

寂聴　そうね。自分に何の才能もないと思いながら書くばかもいないでしょう。認められたいんでしょうね、みんな。

比呂美　出家なさってからも、それってあります？

寂聴　まだ書いてるとこみると、あるんじゃない？

比呂美　ありますよねえ。破戒ですよねえ。五蘊盛苦、なんですかねえ。

寂聴　欲望や煩悩が人を傷つけることもあるけど、でも私が書きたいから書くことで、誰も傷つけてないでしょう。

比呂美　そうですね。まるで菩薩のように、先生は「書く」という煩悩で民衆を引っ張っていく、みたいな感じなんでしょうね。

寂聴　アハハ、そんなに自惚《うぬぼ》れていないよ。むしろね……その自己顕示欲みたいなものなんて本当に虚しい、って思えるときが来たら、それが悟りなんでしょうね。

才能を信じてくれた母

比呂美　先生は徳島で女学校を出て、東京女子大にお入りになったんですよね。戦前に、女子大に行く女の子って珍しくなかったですか。

寂聴　なかったですよ。二百人卒業したら五人ぐらいが上の学校に行くのね。大阪とか京都が多くて、東京に行ったのはふたりぐらい。

比呂美　でも少ないですよ。お家が、大学に行かしてやろうっていう家風だったんですか。

寂聴　それが、親戚一同が大反対よ。「あんな器量の悪いのが学問なんかして、ますます嫁に行けなくなる」って。でも母親が「自分が行きたかったから」って、とにかく応援してくれた。父親は、そのころ懐具合《ふところぐあい》がよかったし、母親の言いなりだった。

比呂美 お母さまが理解のある方だったんですね。

寂聴 母の実家は代々庄屋で、いい家だったんですよ。お嬢さん育ちで、貸本屋の婦人雑誌なんかを日がな一日読んでいたみたい。私の五歳上の姉は器量よしで、父親の意向で女学校出てすぐ花嫁修業して、父親の弟子の職人と結婚させられてましたけどね。

比呂美 よかったですね、二番目の子どもで（笑）。

寂聴 私は母に「**あんたは鼻は低いけど頭がいいんだから**」って言われたもんです。「**器量が悪い女は、いつもニコニコしてなさい**」とかね。

比呂美 子どものときにお母さまから、女の子はこうあるべきだ、みたいな話は……。

寂聴 そりゃもう、うちの母は絶対そういうこと言わなかった。

比呂美 なんででしょう。その世代なら、普通言うでしょう。

寂聴 私のことを秀才だ、他の子とは違うとずい分小さいときから思っていたらしいのね。一年生のとき、担任の先生が産休で休まれていたときに来ていた、代わりの先生が、私の綴《つづ》り方《かた》

（作文）が上手だったのを疑って「どこで盗んできたんだ」って言ったのよ。

比呂美　盗作したって言うんですか。

寂聴　私、悔しくて泣いて帰ったら、それを聞いた母親がすごい剣幕《けんまく》で、職員室に怒鳴り込んだの。「うちの子は生まれつき、綴り方の才能があるんだ。盗作なんかしなくてもうまいんだ」って。私が小説家になるだろうって、母だけは思ってたのね。

寂聴・比呂美――対照的なふたり

比呂美　昭和の初めころにですよ、女の子は素直で、よい妻よい母に……っていう考えがお母さまには一切なかった。ほんと、それは何でなのかを知りたいですよ。

寂聴　母が十二歳のとき自分の母親が死んで、五人の弟妹の面倒をみなきゃならなくなったのよ。それがなければ上の学校に行かせてもらって、勉強したかったんじゃないかと思うの。だって私が女学校に一番で入ったとき、母は「私ができなかったことを晴美がやってくれた」って、泣いて喜んだのよ。

比呂美　そのときからもう、この子は何やってもいい、みたいな感じになったんですかね。

寂聴　町で一番はじめにパーマネントあてたのも母。その理由がね、日本髪なんて洗うのも結うのも時間がかかるから。これからは女も働かなくちゃいけない、女も勉強しなくっちゃダメだって、そのためには時間のかかる日本髪なんか結っていられないって、そういう思想があったわね。

比呂美　あたしの母はあたしに「セックスは汚い」「経血《けいけつ》が漏れるなんて、たいへんな粗相《そそう》だ」って、おんなとか性のこととか否定するメッセージを、有形無形に注ぎ入れてきましたよ。

寂聴　……そんなの、うちではなかったわね。

比呂美　先生の作品って、性的なことがパーンと当たり前のこととして出てきますよね。先生は性のことを小説に書くことに抵抗は……？

寂聴　全然なかった。でも、少し前に山田詠美《やまだえいみ》さんが自分のオナニーのことをハッキリ小説に書いたの。私は自分のそんなこと書いていないから、あれはやられたーっと思ったね。

「私には才能がある」と信じて

比呂美　先生、文学を読み始めたのはいつですか。どんなもの読んでいらした？

寂聴　女学校に入って、十三歳のときに与謝野晶子《よさのあきこ》訳の『源氏物語』を図書室で読んで、こんな面白いものはないと思ったわね。女子大のころに一番読んだのは西鶴《さいかく》。女のそこを滑らかにするために貝殻の器に入った塗り薬を使うとか、読んでいろいろ理解したもの。

比呂美　与謝野晶子と西鶴ですか。世の中は戦争中で、女子大在学中にお見合い、結婚、お子さんを産んで、夫の任地の北京に行かれて、終戦。日本に帰ってこられて、わりとすぐに先生は家を出て、自活をお始めになりましたね。そのころはまだ、小説は書いてらっしゃらない？

寂聴　書いてない。女子大の先輩が有名な評論家の福田恆存《ふくだつねあり》と結婚してたから、そこに下手な小説を書いて送ったのよ。そしたら福田さんがいい人で、丁寧な長いお手紙で「これだけではあなたに文学的才能があるともないとも言えない」って書いて寄越した。まあ、遠回しに不採用だってことですよ。その手紙を読んだ父は「偉い人が、お前に才能が『ない』って言ってる」と私が小説家を目ざすことに怒ったんだけど、私は「ある」に重きを置いたのよ。

比呂美　先生、ほんとにそのときは「ある」って思っていらっしゃいましたか？

寂聴　そんなものあなた、「ない」と思ってたんじゃ何も始まらないじゃないの。「ある」って思わなきゃしょうがない。だから、その奥さんを頼って福田さんのお宅まで行った。そうしたら、福田さんに「小説を書きたいなら同人雑誌に入りなさい」って言われたのよ。

比呂美　そういうのって、すぐ入れるものなんですか。

寂聴　さあ、とにかく私は素直だから、教えてもらった同人雑誌の「文学者」の方に手紙を出したら、「月曜日が面会日だからいらっしゃい」ってハガキがすぐに来た。そのときはまだ、文学と言えるような小説はまだなにも書いてなかったわね。

河野多恵子さんとの友情

比呂美　先生の『いのち』（講談社刊）は、すごかったです。河野多恵子さんや大庭みな子さんとの関係を書いていらっしゃるんですけれど、あたしにとっては、お三人とも文壇の重鎮《じゅうちん》ですから、あおぎ見るばかりで……それがこんな怪物みたいな人たちで、怪物みたいなお付き合いを繰り広げていらしたとは……。河野多恵子さんとの濃密な、友情というか愛憎というか、そんな関係は唯一無二ですね。

寂聴　面白いでしょう。彼女には結構ひどい意地悪だってされたのだけど、小説に書いていくと、なんだかいい女になってしまうの。不思議だねえ、あれは。

比呂美　その意地悪が、意地悪を通り越してますよ。あんなこと、今はだれもしません。たぶん、ですけどね。先生が賞を取りそうになったとき、河野さんに潰されたという話なんかとんでもなかった。ああ、賞じゃなくて日本藝術院の会員でしたね。

寂聴　「あの人は左翼だから日本藝術院の会員に推挙されてもきっと断わります。藝術院に傷がつくから、おやめになったほうがいいです」って言ってたのよ（笑）。

比呂美　その河野さんも亡くなって、もう会えませんね。会いたいなとか悲しいなとか、お思いになりますか。

寂聴　そうね、居たらいいのになあとは時々、思うわね。だけどあの人、元気なころは電話かけてきては三時間しゃべっていたからね。こちらの締め切りの都合なんてお構いなしだから。

比呂美　それは亡くなるまで、ずっと？　それともだいぶ前ですか？

寂聴　あの人が死ぬ前の年に文化勲章を受章して、そのときにかかってきたのが最後の電話だったわね。その後、私が圧迫骨折で入院して身動きが取れなくなったとき、彼女も病気しているのがわかったの。私から代理をお見舞いにやっても、もうなんか……一種、拒《こば》まれているような感じがした。

比呂美　少し経ってから、河野さんが亡くなった、って連絡が来たんですね。

寂聴　死ぬのが近くなったと思ったから、なんていうか、「もう本音で付き合いしましょう」っていう感じでね、彼女がパッと背を向けたような気がするの。寂しいけれども、それが彼女の本当の気持ちなんだな、っていう気がしたから、それならそれでいい、と。

比呂美　先生のほうでは、思い当たるフシはないんでしょう。

寂聴　私は迷惑かけられたこともいっぱいあったけど、でも彼女の才能は尊敬していた。だから失礼なことなんかしてないのよ。だから、理由は全然わからないままね。

三人揃えば悪口ばかり

比呂美　同世代の女流作家で親しくお付き合いなさっていたのは、河野さんと、あとは大庭みな子さんですね。

寂聴　そうね。私が一番年上で、河野多恵子が四つ、大庭みな子が八つ年下。私以外のふたりはそれこそライバルで、お互いの悪口をみんな私に言ってきたわね。

比呂美　へええ。先生はやっぱり一目《いちもく》置かれてたんですか。

寂聴　その逆よ。あのふたりは私なんて眼中になかった。それぞれ自分が相手よりすぐれた小説家だと思っていたのね。

比呂美　ほんとのところ、先生はどうお思いでしたか、おふたりに対して。

寂聴　河野さんとは長い付き合いで、小説でも男についても深い話をずっとしていた。でも人間として感覚的に好きだったのは大庭さんのほうね。それで、文学としては河野多恵子のほうがいいかもしれない。彼女は天才だと思っているわ、今でも。

比呂美　三人で会ったりなさいましたか？

寂聴　もちろん。三人で集まるときは志賀直哉《しがなおや》とか野上弥生子《のがみやえこ》の悪口ばっかりだった。「みんなほめるけど、あの小説のどこが面白いんだろう」って盛り上がったよ（笑）。

比呂美　志賀直哉と野上弥生子ですか。近代文学史……。すごいですね。あと誰の悪口を言っていらっしゃいました？

寂聴　大庭さんと私は、三島由紀夫《みしまゆきお》とか好きだったわね。河野さんは彼が嫌い、宇野千代や太宰治も嫌いだったと思う。河野さんは、あのころあらゆる文学賞の選者をしていた丹羽文雄《にわふみお》さんに目をかけてもらって、いろんな賞を網羅《もうら》したんですよ。あるとき私がふたりに「どっちが賞、多く取ったの」って聞いたのよ。

比呂美　うわ、これまた直截《ちょくせつ》的な……。

寂聴　ふたりで一所懸命、顔色を変えて指を折って数えてましたよ。そういうかわいらしいところもあった。

比呂美　先生は文学賞って、あんまりお取りになってない？

寂聴　取ってないわよ。だけど文化勲章は河野多恵子より先にもらった。

比呂美　いやいや、でも先生だってたくさんお取りになってますよ、女流文学賞、谷崎潤一《たにざきじゅんいち》郎《ろう》賞、野間《のま》文芸賞、泉鏡花《いずみきょうか》文学賞……作家として、これ以上は。

寂聴　あのふたりのほうがもっともっと取ってるのよ。でも、ふたりとも全集を出しても全然売れなくて、講談社と新潮社の廊下に返本が山になっていたらしいよ。全集で売れたの、私だけなの。中には再版した全集もある。

比呂美　全集で再版ですか。それはすごい。全集で再版するなんて。

ひとりだけ生き残るということ

比呂美　先生が若いころは、河野さんとかそのほか、同じように文学を目ざす人がいっぱいいらっしゃいましたね。それがだんだん少なくなってきますでしょ。

寂聴　いないね。ほんとにみんないなくなった。

比呂美　もう先生しか残ってらっしゃいません。それ、どんな感じですか。

寂聴　それはもう、つまらない、つまらない。だってさ、たとえば野上弥生子の悪口だって、いっしょに言える人は誰もいないじゃないの（笑）。河野さんや大庭さんと、本人が聞いたら卒倒するような悪口言ってたんだからね。

比呂美　野上弥生子さんって、先生、お会いになったことあるんですか。

寂聴　だって私に文学賞くれたんだもの。

比呂美　い、生きてたんだ！　どの賞を？

寂聴　女流文学賞をもらったとき。私は四十歳そこそこで、駆け出しよ。そのときは大御所の佐多稲子《さたいねこ》さんと同時受賞で、私は光栄だと思ってたけど、佐多さんは「なんであんなチンピラといっしょなの」って、死ぬまで怒ってたらしいよ（笑）。その佐多さんに促されて、選者の野上弥生子さんのところに着物に着替えてご挨拶《あいさつ》に行ったのよ。

比呂美　挨拶に行くなんて、今まったくしませんよね。

寂聴　もうあなたの時代はそんなことしないんでしょ。私が行ったときは野上さん、ふんぞり返ってて、受賞の記念に龍村《たつむら》（美術織物）のコンパクト、ふたつ用意してて、ふたりにくれたのよ。

大好き、鷗外さん

比呂美　先生、森鷗外《もりおうがい》はお好きですか？

寂聴　鷗外、いいですよぉ。

比呂美　そうですか！　あたしもです。鷗外LOVE。

寂聴　漱石《そうせき》よりずっと鷗外が好き。私ね、まだ小説も書いていないころに三島由紀夫と手紙のやりとりをしていたの。そのころ住んでいた三鷹《みたか》の下宿のすぐ近くに太宰治のお墓も、鷗外のお墓もあるお寺がありますって書いたら、三島は太宰が大ッ嫌いだから、「ぜひ太宰のお墓にお尻を向けて、鷗外先生のお墓に花を奉《たてまつ》ってください」って返事が来た、アハハ。

比呂美　あたしは高校時代、太宰の命日の桜桃忌《おうとうき》に行ったら、人がいっぱいでよく見えないから近くのお墓に上ったんです。そしたらそれが鷗外のお墓だった……。

寂聴　アッハー、バチが当たるよ、それ。私、鷗外は全部読んでどれも好きだけど、でも（急に声が高くなる）あの人、スケベよぉ。

比呂美　やっぱりそうですか（愕然《がくぜん》として）。いや、なんかそんな気はしてましたが。

寂聴　大杉栄《おおすぎさかえ》（思想家、無政府主義者）をめぐって三角関係になった伊藤野枝《いとうのえ》や神近市子《かみちかいちこ》のことを調べていて見つけたんだけどね。神近市子が大杉を刺して、彼女が出獄してきたら、鷗外がすぐに会いに行ってる。それで路上でキスしてるのよ。

比呂美　うそ。

寂聴　ほんと。鷗外の『雁《がん》』ってお妾《めかけ》さんが出てくる話なんだけど、実際に鎌倉のほうに鷗外のお妾さんがいたのだってよ。ね、なかなかでしょ。でもあの人、好きなの。

比呂美　なんか嫉妬がめらめらと……。あたし自分が鷗外好みの女だと思ってるんですよ。小説に出てくる女という女、みんな同じイメージで、エリスだけは違います。エリスだけはすごくあたしみたい。もしあたしがあのころ生きてたら、鷗外先生はきっとあたしに夢中になったんじゃないかって……。

寂聴　お墓に乗ったのにねえ（笑）。

「詩の原稿料っていくらなの？」

比呂美　小説の世界って、師匠に師事するとかいうこと、あるんですか。

寂聴　そうね、河野多恵子さんが丹羽文雄さんを師と仰いだあたりが最後じゃないかな。

比呂美　すると先生はどなたかに師事は？　なさってませんか？

寂聴　私は小田仁二郎《おだじんじろう》の小説が好きだったからね。師事したことになるかな。

比呂美　でも小田さんは先生の愛人でしょう。師弟というよりは。あたしたち現代詩の世界には、師事するってまったくなくて、みんな同等みたいなものなんです。

寂聴　それはやっぱり、あなたがひじょうに才能があったからではないの？

比呂美　いいえ、だれでも。書き始めのみぃちゃんのころから、みんなが同業者扱いしてくれたものです。言い方を変えれば、上の世代の人たちにこだわってたら何にもできないってみんなが思っているとも言えるんですけどね。

寂聴　ちょっと聞きたいんだけどね、詩って一篇でいくら原稿料くれるの。

比呂美　「現代詩手帖」が、昔は一篇五千円、今はどうでしょうね。どれだけ長くても、時間をかけて書いても五千円。

寂聴　じゃ、詩人は食べられないのね。

比呂美　ぜんぜん。エッセイ書いたり他に職業持ったり、他のことやって生きていかないとダメ。

寂聴　ちょっと前に私、掌編《しょうへん》小説を書いたのね。原稿用紙三枚から、長くて五枚。そうしたら、出版社は枚数分しか原稿料をくれないから、私、抗議したのよ。

比呂美　短くても一作は一作だから。

寂聴　「詩人に支払うつもりでちょうだい」って。

比呂美　そしたら先生、一本五千円ですよ（笑）。

寂聴　ハァッハッハー、かわいそうね。そりゃあなた、こんなのおかしいって運動しないと。

入ったお金が縁の切れ目

比呂美　小田仁二郎さんとは先生は四十代前半くらいまで八年ほど、お付き合いなさってたんですよね。

寂聴　そうよ。奥さんのいる家庭と私の家と、一週間の半分ずつ、行き来していたの。小田さんは「触手」みたいな、純文学の小説しか書けないから、小説家としては素晴らしいんだけど、仕事はないのよ。私のところに来るときは、食べるものでも着るものでも全部、私が出していたわね。

比呂美　写真を拝見しました。背の高い、ハンサムな方ですよねー。不倫の関係が長いこと続いてて、どうして別れたんですか。甲斐性のないのがいやになったとか。

寂聴　んー、そうじゃない。新潮社に齋藤十一《さいとうじゅういち》っていう名物編集長がいて、純文学作家を大衆作家にするのが趣味な人だったんだけどね。小田さんに「週刊新潮」に小説を書けって言ってきたの。そんなの、どだい無理なのよ。

比呂美　無理でしょうね。でも書けたらお金になったんでしょう？　その時代は。

寂聴　それを小田さんが引き受けたのよ。奥さんにも長い苦労をかけた、子どもも大学にやりたいからお金が儲《もう》けたいっていうのもあったでしょう。それで、四苦八苦しながら時代小説なんか書いて、そうしたら突然ものすごいお金が入って来たのね、原稿料が。それをふたつに分けて、半分を家に持って帰って、それでも十分やっていける額よ。残りをね、私にくれたの。それでいやになったのよ。

比呂美　お金をくれたことが、ですか。

寂聴　そんなカネ、自分のために使いたくもないから。彼に大島の着物だの、英國屋のスーツだの、舶来《はくらい》の靴だのあつらえて、ぱーっと使い切ってしまった。

比呂美　もし週刊小説なんか書けるもんかって、小田さんがケツまくっちゃったら、どうでしたか、先生。

寂聴　それで彼がずっとお金がないままなら、きっと私は養っているわよ、今でも（笑）。相手にお金が入ったらもう、いやになるのね、私は。

比呂美　はあ。あたし、お金で別れたことないんですよ。詩の世界って「じっと手を見る」じゃないですけど、書いても書いてもお金がつきまとってこないんです。

詩を高らかに歌わないと革命は起こらない

比呂美　話をちょっと戻すと、家出したあと、先生はわりと早くから、少女小説で食べていけるようになってらっしゃいましたね。それでも純粋に文学を目ざしておられた。

寂聴　そう。大衆小説家になろうとは思わなかったね。

比呂美　詩人は副業で糊口《ここう》を凌《しの》いだりするんですが、でもハングリー精神ってものがないと、物書きはダメだなって思うんですよ。詩人が詩を書くのって、言わば前線で、白兵戦《はくへいせん》で闘ってるようなものですから。

寂聴　昔はね、大杉栄のころの、時代の担《にな》い手《て》はみんな詩人だったんですよ。**いい詩を高らかに歌わないと、革命なんか起こらないのよ。**

比呂美　あたし去年、石垣《いしがき》りんさんの詩集を編んだんです。戦後すぐのはやっぱりプロパガンダのように、わかりやすく平和の尊さなんか書いていたのが、時代が平和になったら、自分の身の回りのこと、家族だ、きんかくしだ、しじみ汁だ、そういうふうに変わっていく。視点が変わると、詩がグッと深まってくるんですよ。

寂聴　ふんふん。小説でもそれはたぶん同じじゃない？

比呂美　詩を作っていて、自分の詩の形ができてくると、それを知らず知らずのうちに追いかけちゃう。自分で自分の真似することが、怖いなあと思う。

寂聴　私は六十年、七十年と書いてきて、自分で作りあげた形、スタイルみたいなのを無意識のうちに壊す、というのを繰り返している気がする。

比呂美　ここ十年だけみても、そうしてらっしゃいますね。でも、それは無意識になさっているんですか、はー。ため息が出ます。

寂聴　自分でいやになるのよ、いつまでも同じような小説を書くことが。コツを覚えてしまうと、ダメなのよ。

比呂美　まさに、それです！　自分の真似したら、自分で「真似した」ってすっごいわかります。で、それは、しちゃいけないんです。文学ってみんなそうだと思いますか。

寂聴　そう思う、やっぱり。コツっていうのはあって、みつけたら「やったぁ」と思うものだけど、それは一度しか使えないのよ。

若い同業者たち

比呂美 先生、今お友だちってどのくらいいらっしゃる?

寂聴 私はいったん友だちになると、ずうっと何十年も友情が続くのよ。女学校の友だちはほぼ死んでしまって(笑)、女子大の友だちは今でも仲がいいの。

比呂美 同世代の小説家ではどうですか。

寂聴 もう今じゃ、ひとつ下の佐藤愛子《さとうあいこ》さんくらいね。すごく面白いよ、あの人。でも今は、若い人と話すほうがもっと面白い。平野啓一郎《ひらのけいいちろう》なんか、家族ぐるみで仲よくしてるのよ。あんな息子がいたらいいなっていう人よ。

比呂美 いっぱいいる若い人たちの中から、どういうポイントで「これは」って決めるんですか。

寂聴 小説家ならば、小説がよくなきゃ好きにならないわね。子どもくらい年下でも、そこさえよければ尊敬できるのよ。**小説家が「人がいい」**かどうかなんて、ねえ、そんなことどうでもいいじゃないの。

比呂美 そうですね。太宰治も、三島由紀夫も、志賀直哉も、河野多恵子も、大庭みな子も、「人がいい」かどうかなんてどうでもいいですものね。鷗外先生はスケベだし（笑）。先生も、そうなのかも。こうしてお話しさせていただいてると、すっごく楽しいんですけれども。

やっぱり、みんなライバル

比呂美 先生と違って（笑）、あたしはまだ生きている詩人の先輩や友だちはいっぱいいます。物書き同士の付き合いって、少し違いますよね。普通の友だち関係みたいにできないのは、しょうがないのかなあ。

寂聴 まあ、平たく言えば同業者なんてみんなライバルでしょ。誰も、自分以上に他の人を認めたりしないわよ。**だってねえ、あの人が、と思うような人だって「私が一番」と思ってるんだからね**（笑）。

比呂美 あははは、すごいことをおっしゃいますね。それでいいんでしょうか。

寂聴 それでいいんじゃないの。そうじゃなきゃ、小説なんて書けない、ハハハ。

比呂美 それでもさっきおっしゃったように若手の小説家とは仲良くされてるでしょう。

寂聴　女の作家はダメね。残るのは男たち。
比呂美　どうして女はダメなんですか。
寂聴　それはねえ、こっちが何くれと気にかけて、やさしくして、言うなればお母さんみたいにその人が成長するようにと思ってあれこれしてあげたりする。でもその相手も下手すれば敵じゃないの。思いもかけないところでパッとやられるのよ。
比呂美　何をやられるんですか。
寂聴　……まあ、いろんな酷いことよ。あなたもそのうち味わうよ。
比呂美　えー、あたしそういう目にあんまり遭わないんです。普段、日本にいないからかもしれませんけど。
寂聴　ふふふ、「あんなのと付き合ったってしょうがない」って思われてるのかもね？
比呂美　たぶんそうだと思います。そもそも、あたし詩人ですから、少し立ち位置が違うし。

ワールドワイドに活躍中の孫たち

比呂美　先生は、出家なさっ

たころに、三歳のときに置いてきたお嬢さんと、のちに再会されましたね。

寂聴　そう。娘が結婚したばかりのとき。花嫁姿は見られなかったけれど、祇園《ぎおん》の女将《おかみ》さんが会場に忍んで行って、写真を撮ってきてくれた。

比呂美　今は普通にお付き合いがありますか。

寂聴　やっぱり普通の母と娘っていう感じにはいかないわね。しかたないね。

比呂美　そういうものですか。あたしには娘が三人います。上のふたりは父親が日本人で、あたしが三人目を産んでアメリカに移住するときに、娘たちの日本に生えてた根っこを引っこ抜いていっしょに連れてったような感じですね。

寂聴　娘は父親の仕事の関係で、高校も大学もアメリカなの。で、孫が女の子と男の子といるんだけど、女の子の孫はアメリカで弁護士をやってるの。私が名付け親なんだけど。

比呂美　じゃそのころは、もうだいぶお付き合いが戻ってきたんですね。名付け親ということは。お孫さんはかわいいですか。

寂聴　みんなが言うほど、かわいくてしょうがないという感じとは違うね。だけど興味があるというのかしら。彼女はニューヨークとサンフランシスコの両方で弁護士してるんだけど、いろいろな国から来ている移民の人たちが多いじゃない。いじめられて、仕事もなくて、困ってるような人たちの弁護ばっかりしてるの。

比呂美 すごいですね。いいお仕事です。

寂聴 この間、娘の亭主、その孫娘の父親が死んだんだけどね。「弁護士ならもっと大きな事務所に勤めて、大企業を顧客にして、カネを儲けろ」って、生前、孫娘にいつも言ってたらしい。妙なところで私との血のつながりが出たもんだって、プンプン怒ってたって、アハハ。

比呂美 もうひとりのお孫さん、男の子は何してます？

寂聴 アメリカ、インド、日本、タイなんかを回って仕事をしてるの。で、こないだタイ人の女の子と結婚したのよ。

比呂美 またこれは、ワールドワイドに国際的ですね。どんな感じですか先生、自分の末裔《まつえい》が日本にいないってことは。

寂聴 どんどん外国に行って、外国の血を貰うのがいいなと私は思ってるのよ、そりゃ。

私も「狂うひと」だった――比呂美

比呂美　以前、先生に薦められた梯久美子《かけはしくみこ》さんの『狂うひと』を読んで、ほんとに面白かった。あたしも一時期、この本の島《しま》尾《お》ミホ（作家・島尾敏雄《としお》の妻）みたいに男のせいでおかしくなってたなって思います。めちゃくちゃでしたもの。自殺はしかけるわ、入院先から逃げるわ、薬には依存するわ。

寂聴　それ、あなたがそうなったの？

比呂美　はい。『狂うひと』の中で、ミホの子どもが場面緘黙《ばめんかんもく》（家族の前などでは話せるが、特定の状況では話せなくなる症状）っていうか、人前でしゃべれなくなる話が出てくるでしょ。ウチでも真ん中の子が一時期、しゃべらなくなったんですよ。

寂聴　子どもはやっぱり犠牲になるのよ。かわいそうなのよ。

比呂美　あたしは、それでもね、子どもを犠牲にしないで、自分が生きてきたと思っていたんですよね。

寂聴　そうなの？

比呂美　いや、実はそうじゃなかったんですよ。そう思っていただけで、ほんとは子どもを犠牲にしてたことを見ないフリして生きて来たんだなあと思いますね、今は。

寂聴　私も今ね、置いて出た娘とまた交流ができて、彼女が七十二歳くらいで、未亡人になっていて、それで私がこのごろ病気すると飛んでくるんですよ。

比呂美　あら、いいですね。

寂聴　でもそれが私はいやなの。

比呂美　え、どうして？

寂聴　今さらそんな、血のつながりだとか家族だとか言われることがもういやなの。私は産みっ放しで育てていないんだから。親だ、子だっていうのは、本当に育ててこそだと思う。だからあなたは偉い。心の病気をしていたときもあったかもしれないけど、それでも子ども、育てているもの。

比呂美　うーん、でも、先生のお嬢さんにしたら、いくら離れていた親であっても、その、死ぬまでに自分ができるだけのことをしたっていう思いがあれば、後悔しないで済むのかも……。娘の側でも自分の生をまっとうできたように思えるんじゃないでしょうか。

孫やひ孫の話を書きたい

比呂美　伺っていると、先生はお嬢さんと、一般的な〝母と娘〟のように付き合うのがちょっとむずかしいなと思ってらっしゃる。お孫さんとかは別ですか。

寂聴　孫というより、ひ孫は違うわね。ひ孫になると、まったくそういうことはないでしょ。

比呂美　アメリカ育ちで弁護士してるお孫さんのお子さん。

寂聴　そうそう。孫は日本人同士の子どもなんだけど、孫の相手がアメリカ人だっていうから、ハーフのひ孫ならかわいいだろうと思っていたの。でもお相手がアジア系だったのよ。それで私、ちょっとがっかりした（笑）。双子の女の子で、もう今小学生くらいなんだけど。

比呂美　家族についての小説を書きたいって、おっしゃってましたね。今度それをお書きになるんですか。

寂聴　書かないでくれっていうのよ。やっぱりいやだって、孫たちが。

比呂美　あら、そうなんですか。それで先生、そのお願いはお聞き入れになるんですか。

寂聴　うーん、やっぱりいやだって言われたら書けないなあと思って。

比呂美　えー。でも先生は作家ですよ、ねえ。

寂聴　そうよ、作家だし。何を言ってるの、私は作家だから書くんだと思えば、彼らに忖度《そんたく》することなんかないんですけどね（笑）。でもそうしたら、今の上べだけの平和な関係はなくなるでしょうね。

比呂美　あたし、ものすごく読みたいですけど。先生のご家族の小説。

寂聴　私はもう死んでいくんだから、べつに構わないとも思う。だけど書く力や体力がもうない。口述筆記は私、ダメなのよね。

体育会系作家のふたり

比呂美　以前、先生が「八十歳になれば痩せる」っておっしゃってましたから、八十になるのを楽しみにしてるんです（笑）。

寂聴　あなた、何かしてるんだったね。

比呂美　ズンバ（フィットネスのダンス）、まだ続けていますよ。

寂聴　痩せた？

比呂美　フフフ、これが先生、痩せないんですよ、ちっとも。今になると、もうちょっと早くから運動を始めていればよかったなあと思ってます。あの、先生は昔陸上競技、なさってたんですよね。

寂聴　ずうっと前よ。女学校のころ、三種競技の選手だった。短距離、やり投げ、走り高跳び。でも走れば遅い、投げても跳んでも大したことないから、万年補欠だったけど、毎日、真っ暗になるまで練習してたのよ。白いシャツにちょうちんブルマーで。

比呂美　じゃ、その活力の源というか、そのとき培《つちか》った体力が……。

寂聴　まだ髪があるころ、「婦人画報」のグラビアに出たわよ。やり投げしてくださいって言われて、やりをパーッと投げてるとこ撮って。

比呂美　うわあ、すごい。だから、出家なさったとき、若いお坊さんたちと厳しい行《ぎょう》に臨《のぞ》んでもやり遂げられたんですね。『比叡《ひえい》』に書いてありましたね、山を登ったり下りたり、ほんとに厳しい修行をなさったこと。

寂聴　はじめは一番ビリで他の人たちを一時間も待たせたから、みんな怒っていたわよ（笑）。ところが一か月くらい経って行が終わるころになったらね、二十代の男たちといっしょでも私が六番や七番に戻ってくるの。きつかったけどね、足を引っ張ったりしなかったよ。

好きな男と嫌いな男

比呂美　先生、好きな男について伺いたいんですけど。想像ですが、先生が女真っ盛りのときと、しなくなった後では、好きな男のタイプが違うのではないでしょうか。

寂聴　そんなことない。

比呂美　そうなんですか。セックスしないってなると、男の見方も全然違うんだろうと思ってました。心惹《ひ》かれるタイプは変わりませんか。

寂聴　私と仲良くなった男はダメになるのよねえ。私がひじょうにあれこれよくしてあげるんだけど、大成した男はひとりもいない。自殺したり、ものにならなかったり。

比呂美　ダメ男がもともとお好きなんですか。

寂聴　だからね、放っといても成功するようなタイプっていやなのよ。

比呂美　顔がいいとか、頭がいいとかは。

寂聴　私、昔からデブでハゲは嫌い。

比呂美　先生って面食いなんですね。あたし、ハゲ大好きです。

寂聴　セックスが強いんだってね。

比呂美　それ俗説では（笑）。ハゲ、かっこいいじゃないですか。あとヒゲも好き。そしてね、いい匂いのする男が好きなんです。**いい匂いとはつまり、腋臭《わきが》なんですよ。**源氏の「薫大将《かおるだいしょう》」も「匂宮《におうのみや》」も……。

寂聴　あ、あれは腋臭ね、絶対そう。

比呂美　でしょう？　だからあの話が落ち着いて読めなくって。いったいどんな匂いだろう、とか思って（笑）。匂いに惹かれる、みたいなのはないですか？

寂聴　あんまりないわね。私が出家したのが五十一歳でしょ。それから四十年以上……。

比呂美　最後に男の匂いを嗅いでから四十年経ってらっしゃる。それならお忘れになってますね。先生の周囲はみんな物故者《ぶっこしゃ》になっていらっしゃるから、その中で、関係はなかったけどあったらよかったなあって思っている男はいませんか？

寂聴　はぁ。いないわねえ。……関係があったほうがよかったと思ったら、私はちゃんと関係つけてるから。

比呂美　ははは。さすが先生です。

やっぱり後悔はしない

比呂美　あたし、六十をいくつも過ぎて、このごろじゃもう男もセックスもどうでもよくなってきました。

寂聴　私も、もう、いいわね。

比呂美　でしょう。じゃ今、一番考えていらっしゃるのは？　死ぬこと？

寂聴　いえ、朝から晩まで死ぬことを考えてるわけじゃないわよ。どんな美味しいもの食べようかしら、とか（笑）。だって、もお九十六だもの。あー、いつ死ぬかと思うわね。遺言は急がなきゃいけないけれど書く気がしない。

比呂美　うちの死んだ夫はね、そもそも前の奥さんとちゃんと別れてなくて、あたしとは籍が入ってなかったんですよ。それで遺言が書きかけのままだったから、あたしに作品もお金も何一つ遺さなかったんです。遺してくれたのはローンと税金つきの家だけ。

寂聴　大変ねぇ。

比呂美　あたし、そりゃ先生に比べたら小さなスケールですけど、男からはなんにも貰ってなくて、ただ男に貢いできたかも。

寂聴　あげたのよ、いろいろと。あなたも男と仲良くして、ものやお金という意味では男は何もしてくれていないよね。

比呂美　いやぁ、もしかしたらいろんなものを貰った、得してきたのかも。自分の作品のことしか考えない悪魔のような生き方だとか、自分の文学はこっちだと思ったら譲らない芯みたいなものとか。別の男からも、ものの考え方を教わったような気が。

寂聴　ふんふん。**今日聞いただけで、あなたの男の話が四人出たわよ。**

比呂美　三人ですよ（笑）。まあ、だから、お金はなくなったけど、損はしてないかなと。後悔もないですね。ねぇ先生、後悔しませんよね。

寂聴　そうね、不思議ね。後悔してないね。やっぱり好きだったんでしょうね、相手を。

比呂美が読む、おすすめ瀬戸内晴美・寂聴文学

伊藤比呂美

読者のみなさんは、ともすると、先生のことを、ただ、あの寂聴先生、人生相談の達人、経験豊かな人生の先達《せんだつ》、尼僧《にそう》として（不飲酒戒《ふおんじゅかい》や不妄語戒《ふもうごかい》は破るが）人を救うために走り回る、菩薩行《ぼさつぎょう》まっしぐらのかた……などと思うあまりに、先生が、すばらしい文学者だということをお忘れなんじゃないかと思って、おせっかいながら、私のおすすめしたい寂聴文学を、ごくごく私的な感想でしかないんですけれども、少しだけ、ここに書き出してみました。

文学と人生は同じものです。文学をすることと人の悩みを聞き取ることも、同じだと思っています。こうやって私は寂聴文学を読んできました。（敬語はつつしんで略します）

『美は乱調にあり』（一九六六）

伊藤野枝《いとうのえ》や平塚《ひらつか》らいてうが生きた時代、二十世紀の初め。

日本の女たちは、今の私たちより、ずっと窮屈に生きていたんじゃないかと思ってましたが、なかなかどうして、自由な女はやっぱり自由だったたし、一途《いちず》な女は一途だったたし、自分のことしか考えない女は自分のことしか考えずに生き抜いていたのでした。

子どもを産む女も産まない女もいたし、産んだ子どもを捨てる女も、産んだ子どもをただどこまでもひきずっていく女も、今と同じように生きていたんだと思います。

更年期を過ぎてからの私は、女の一生というのはホルモンに左右されるものだという感想を持っています。それはまったく「アキラメ」とか「サトリ」とかに近い感想です。

自分の意志や考えに関係なく、とにかくホルモンにつき動かされて、性的な衝動があったし、あれしたい、これしたいという欲望があった、そしてそれにあらがえずに動いて、人生めちゃめちゃにしたり、家族に迷惑かけたりした……。

さて、この本は、瀬戸内晴美四十四歳のときに書かれた、伊藤野枝の半生の伝記小説。

ここでの伊藤野枝は、まだ甘粕《あまかす》事件で殺されておらず、大杉栄《おおすぎさかえ》の愛人となって、その妻、もう一人の愛人とのぐちゃぐちゃの関係に翻弄《ほんろう》されているところまでですが（でもそこが伊藤野枝の生涯で、やっぱりいちばん面白い部分なんですが）、全編をとおして、著者の若いホルモン、伊藤野枝の若いホルモンが、暴力的にうごめいているような小説です。

前半は、著者が(先生ですが)インタビューした伊藤野枝の娘たちが出てきて、ノンフィクションの体裁ですが、とんでもない、やがて野枝本人があらわれ、どんどんあらわれ、ぐいぐいと立ち上がり、ものを考え始め、意志を持ち、夢や野望を持ち、愛欲を持ち、執着を持ち、妊娠し、子どもを産んでいく。

まるで目の前で、野枝はじめ登場人物たちが、どくどくとホルモンを注ぎ込まれているように、生き生きとし、すべすべとし、つるつるとして、ああ、何もかもが現在進行形なのでした。

『中世炎上』(一九七三)、あるいは**『現代語訳とわずがたり』**(一九七三)、そして**『祇園女御』**(一九六八)

私が中学生のころ、我が家は「東京新聞」を購読していました。

思春期で、文学を読むということをやっと覚えたころです。

まだ新聞を読む習慣はついておらず、でも新聞に毎日、小説が載っているのを発見して、それを読み始めたころです。

当時読んでいたのは、『赤毛のアン』シリーズ。『風と共に去りぬ』や『愛の妖精』。父の書棚にあった『罪と罰』や芥川龍之介《あくたがわりゅうのすけ》。国語の時間に習った壺井栄《つぼいさかえ》やエドガー・アラン・ポー。日本の現代作家はまだ一人も知りませんでした。それで、そのころ、新聞に連載されていた瀬戸内晴美の小説が、初めて読んだ、日本の現代の小説だったというわけです。

それを、思春期少女は夢中になって読みました。

とくに心に染みついたのが、主人公の女が子どもを産むが、直後に男（子どもの父親）がどこかに連れ去る箇所で、そこの描写があまりになまなましく、いたましかった。

それは、鎌倉時代の日記文学である『とはずがたり』に出てくる有名なシーンでした。

そのせいで、連載されていたのは、『とはずがたり』を元にした小説『中世炎上』だったのだろうと信じ込んでいましたが、先日、『中世炎上』の連載は「週刊朝日」だったというのを知ってガクゼンとしました。

それじゃ『現代語訳とわずがたり』だったのかと考えたんですが、いや、それはない。古典の現代語訳じゃなくて、瀬戸内晴美の書いた小説だったことには間違いありません。

やっと探し当ててみたら、『祇園女御《ぎおんにょうご》』。

その冒頭に『とはずがたり』の主人公二条《にじょう》という女について、彼女が男に介助されて子どもを産み、その男が子どもをどこかに連れ去ったということが書かれてありました。話は、そこからほぼ同世代の後三条《ごさんじょう》天皇の東宮《とうぐう》（のちの白河天皇《しらかわてんのう》）のことになり、いろんな人の愛憎がこもごもあって、祇園女御が生まれて育ち、人々の愛憎がさらにこもごもで、やがて白河天皇が法皇になって、さらなる愛憎がさらにこもごも……という話。経血や性交や出産など、皮膚感覚をこれでもかというくらい研ぎ澄ませて、古典の世界を描いた作品です。

思春期の私には知らなかったことだらけ、ただ人間とはすごいものだなと、骨身に染みました。その染みかたは、当時読んでいた他の文学より、よほどなまなましいものでした。

そうして今になって思えば（自分の宣伝をするようでおこがましいのですが）、大きくなってから私は、『日本霊異記《にほんりょういき》』という平安初期の仏教説話にハマり、そこから仏教にハマり、そしてそれを元にした小説を書き、その現代語訳も（抄訳《しょうやく》ですが）いたしました。

先生につけていただいた道すじなんだなあと勝手に思っています。

『女人源氏物語』（一九八八―一九八九）

これは、寂聴先生が『源氏物語』の現代語訳を手がける前に書いた作品。

現代語訳の試みの中で生まれてきたに違いない、現代語訳のためのスケッチ集といいますか、『源氏物語』の中の女たちがそれぞれ一人称で語るという形式で書かれた短編集です。

ローマ時代の詩人にオウィディウスという人がいました。

西暦紀元の前後に生まれて死んだ人ですが、この人が「名婦《めいふ》の書簡《しょかん》」という韻文を書いています。

私はそれをとても古い訳で読んだので、こんな古めかしい題名で覚えているのですが、原語のラテン語では「ヘーローイデス」。それを英語に訳すと「ザ・ヒロインズ」。

これがすばらしい。

ギリシャ・ローマ神話の中の女たちが、それぞれの男に手紙を（韻文で）書くという趣向。

もちろん一人称で。

これを読んだとき、私はひじょうに感動し、いつかこういうものを日本の神話で書いてみたいと思い、つらつらと考えました。

オウィディウスのヒロインたちが神話の中の女たちだから、こちらはたとえばイザナミとか、アマテラスとか、スセリビメとか、オオクニヌシの母親や、コノハナノサクヤにイワナガヒメ……あら、そんなにたくさん女がいないわねと、想像力の乏しい私の考えなど知れたもので、そのうち忘れてしまっていました。

ところが数年後、先生のこの作品を読んで、しまった！　と思った!!

日本の神話にも女たちはいるのですが、それはそれで、とても生き生きと生きていたのですが、『源氏物語』、これもまた、日本の文化にとっては神話のような存在であったのです。

その上、その世界には、これだけの女たちがひしめいている。

みんな男に悩み、悩みつつも行動し、いろんな思いを抱えて、生きている。

そこに目をつけた先生はすごいと思いました。そしてまたこんなふうに、縦横無尽に、自由自在に、ヒロインたちの気持ちを表現していく先生はすごいと思いました。『源氏物語』現代語訳の偉業のかげに隠れた名作です。

『比叡』（一九七九）

私はこの小説を、ものすごい共感を持って読みました。

鴨長明《かものちょうめい》の『発心集《ほっしんしゅう》』を読み抜いた後のような読後感を得られる小説でした。

寂聴先生の出家したその前後のことを元に書いた小説です。

そして出家した後の比叡山《ひえいざん》に山籠もりする修行についてもるると書いてあります。

いや、寂聴先生の、と言ってしまったら語弊《ごへい》がある。

今、まさに言ったように、これは小説で、つまりフィクションで、主人公は俊子《としこ》という女であり、俊瑛《しゅんえい》という尼僧です。

俊子がどんな気持ちで出家したか、どんな気持ちで修行したか。

そのひとつひとつが読む私にとっては、肉体を殺さないだけで、まったく自殺そのもののように思えたのです。

自殺ってどうでしたか、と太宰治《だざいおさむ》や三島由紀夫《みしまゆきお》にも聞いてみたいが、死んじゃったからには聞くことはできません。

でも先生はこうやって、どう自殺を思い立ち、実行したか、どんな気持ちだったかを私たちに伝え、比叡山の山籠もりを淡々と書き尽くすことで、つまり自殺後、人はどうなるかについての経緯も伝えてくれた……。

行院《ぎょういん》同期の慈芳《じほう》という尼僧が出てくるのですが、このキャラ、私には、まさに自分のことじゃないかと思えました。

熊本県玉名《くまもとけんたまな》出身の、こんなふうに九州弁をしゃべる女です。

「うちはね、今までずうっと、なあんも、いっぺんも縁ば完《まっと》うしたことなか（中略）いっぺんで ん、いっぺんでん、自分の想《おも》うたごつ、縁ばとげてみたか。仏縁ば男の縁に見たてたら、罰の当《あた》っととか」

読み返してみて、ここにもまた周囲の死んだ人たちの話が出てくるのに驚いたし、その箇所に、心を揺さぶられもした。

人がどう生きたか、どう死んだか。

それは後に、老年に達した寂聴先生が『場所』や『死《し》に支度《じたく》』や『いのち』で向き合ったところです。

ここではそれより四十年も早く、まだ若々しい肉体を持ちながら、出家という自殺をとおして、人がどう生きたか、どう死んだか、そこに至ったと思わざるをえません。

『**死に支度**』（二〇一四）

寂聴先生九十一歳のときの作品。

一見エッセイのように軽い作品です。

ときどき秘書のモナとの軽口の叩き合いがはさまれ、それはなんだかリアリティがないほどサバサバとして、そして明るく、でもモナという年若い秘書が、寂聴先生の生活にもたらしてくれたものだけは、ちゃんと残る。

生きる。生きてるという実感です。

それを足がかりに、先生は、小説として次の段階に分け入っていきます。そしてよりいっそう周囲の死んでいった人たちに近づきながら、かれらのことを丹念に思い出し、書きこんでいくのです。

つまりここから数年前にさかのぼれば、そこにあの傑作小説『場所』（二〇〇一）、七十七歳で書かれ、野間《のま》文芸賞を受けた『場所』がある。

あれは、「老境」というものの表現ではありましたが、まだ死については余裕のあった人生中後年期の大回顧展のようなものでした。

そのほぼ十五年後のかたちが、この『死に支度』。

冒頭で、すでに著者は（先生ですが）、ほとんど死に瀕《ひん》している。

『場所』という本が、きりりとひきしまった文体、きりりとひきしまった装幀《そうてい》さえ持つのにくらべて、この『死に支度』は、文体も、装幀も、ゆるめです。

ところがそのゆるさと明るさとの組み合わせが、たまらなく心地よいのです。

より死に近づいたもののあらがい、あらがい切れない運命（それが死というものです）がそこにあり、死に、ぐいぐいとひっぱられていくような読後感の小説です。

『いのち』（二〇一七）

寂聴先生九十五歳のときの作品。

これもまた、死にぐいぐいとひっぱられていくような小説ですが、その結果、引きずり出してしまったのが、河野多恵子《こうのたえこ》、大庭《おおば》みな子という二人の文学モンスターたち。

その二人の生きざまと死にざまを、最強ラスボスのモンスターとしての瀬戸内寂聴が書き切った！　と叫びたくなるような小説です。

寂聴先生が親しくつきあってこられたこの二人の作家について、これ以上は書けないくらいまっ正面から書く。いや暴くと言ってもいいでしょう。

著者本人も（先生ですが）、つねにその中で二人に立ち会っているから、自分が見極めていたであろう自分の立ち位置、（作家として）自分はどうなのかという、誰でもが持つ、根源的なそして救いがたい疑問を、終始こちらにつきつけても来、『かの子撩乱《りょうらん》』や『美は乱調にあり』よりおそろしい。

「二人は私を問題にしてないのよ。ただ二人とも私を、誰よりも自分を理解してくれている女の作家だと思ってたんでしょうね」

「いのちって、いつか死ぬものなんですね」

そうつぶやきながら、著者は（先生ですが）、語り続け、語り続け、長年にわたるこの二人との関係を、友情なんて白々しいことばではとても呼ぶ気になりませんから、友情よりむしろ愛着、執着、ないしはひきずらざるを得ない悪縁とでもいった方がいいようなものを、どの一文、どの一語にも感じさせながら書き尽くしていくのでした。

書き尽くすままに、大庭みな子が死に、河野多惠子が死に、瀬戸内寂聴がまだ生きています。

あとがき

寂聴先生のところに通い始めて、もうだいぶになります。

一九九〇年に東京で「日独女性作家会議」がありました。日本側は大庭《おおば》みな子さん、河野多《こうのた》惠子《えこ》さん、三枝和子《さえぐさかずこ》さん、津島佑子《つしまゆうこ》さん、すごいメンバーだったんですが、そのときにドイツ語の作家たちのために寂庵に瀬戸内寂聴さんを訪ねるという企画があり、私は時間が自由にならず、それには参加できませんでした。

そのときの、残念だったなあという思いをずっと抱きつづけていたのでした。

十八年後の二〇〇八年、私はついに寂庵を訪ね、先生にはじめてお会いしました。「the 寂聴」という、どこを開いても寂聴先生という雑誌の企画で、編集の新井敏記《あらいとしのり》さんに連れられて寂庵に行き、対談し、先生のタクシーに同乗して宇治《うじ》へ行き（先生は源氏物語ミュージアムの名誉館長で、私はその年の紫式部文学賞をいただいて、授賞式に来たのでした）、みちみち、「薫大将《かおるだいしょう》はワキガではありませんか」

「そうですよ」

「匂宮《におうのみや》は、つまり人工的にワキガを作り出して自分につけてたわけでしょうか」

「そうですよ」

「匂宮のかいた絵はセックスしてる男女の絵ですよね」

「そうですよ」

「『源氏物語』の読者は当時何人くらいいましたか」

「一〇〇人くらいいたかしらね」

などという会話をしました。

そのたびに、私はずっと心の中でもやもやしていたことが、ひとつひとつ先生の手でくっきりと晴らされていったのを感じました。いいえ、『源氏物語』にかぎりません。生きるということ、そのものについてです。ブラジャー事件（まえがき）はこのときのことです。

そのとき私は、あまりの先生のオーラにクラクラッとなって、つい、「先生、出家させてください」と本気で頼みこみました。

その瞬間、私は、マジで、髪を切り落とし、男を捨てるつもりで、そう口から出たのでした。

男は捨てることができる、でも子どもとの縁は、私には切れないし、ましてや書くこともやめられない（先生もやめてないけど）と、後になってから考えました。万が一先生がその気になって実際に私の髪をおろしてくださったら、いったいどうなってただろうと考えました。考える前に行動する、これは私の悪い癖でして、それでたくさん苦労をつくりだしてきたのです。

そしたら先生は「あなたはいいのよ」と仰《おつしや》ってにっこりなさいました。

それで私の、きんきんに思いつめた（一瞬で、ですが）気持ちがすっとほぐれ、「そうか、いいのか」と納得して引き下がったのでした。

ところが二年後に、また宇治の源氏物語ミュージアムで先生に再会しまして、そのときもまた、先生のオーラにクラクラして、また、後先考えずに瞬間的に思いつめて、「先生、出家させてください」と私はくり返しました。

そのときもまた、先生は穏やかに、にっこりなさって、からかうような声で、「あなたはいいのよ」と仰いました。

今回この企画で先生のところに通い出してから、私はいちども「出家させてください」とは言い出してないのです。

あの二回で、先生に、こちら側に、この世に、とどめていただいたような気がしました。

今回、とにかく寂聴先生の胸を借りる感じで、人生のぶつかり稽古《げいこ》する心持ちで、まっすぐに先生にむかって人生相談してみようということになり、私の人生上の問題たち、今まで人の人生相談にはこたえてきたけど、自分の問題は放ったらかしてきた、ははは、問題がないわけないんで、山積みになってるんで、それで、先生のところに行って、何もかも洗いざらい、自白剤を飲んだみたいにぶちまけました。

そしたら先生も、自白剤が間接的に作用したみたいに、いろんなことを話してくださって、そういうのはもちろん、人生の諸問題にかかわることなので、下ネタはあるし、漏《も》れでもしたらたくさんの人を傷つけることではあるし、その上、解決できることならとっくに解決してるわけで、解決法なんてないようなデスペレートな問題ばかり。

話すうちに、あまりの濃さに、先生も私も疲れ果て、それで先生が瀬尾《せお》まなほさんを呼んで、「ちょっとビール出して」とか「ワイン飲みたいわ」などということに相成《あいな》るのでした。

でも、ぶちまけた話をぜんぶ出しちゃったら、あとはもう日本に住んでいられない、亡命するしかないので、私が普段から全幅の信頼を置いているライターの田中有《たなかあり》さんに頼んで、これからもいちおう日本で暮らしていけるくらいにまとめてもらって、こういう形になったのでありました。

田中有さん、みごとなまとめをありがとうございました。

瀬尾まなほさん、いつもありがとうございます。その上、すてきな解説まで書いていただきまして、ありがとうございました。

集英社インターナショナルの佐藤眞さん、企画から編集から何から何まで、ありがとうございました。

そして寂聴先生、この日々、ほんとに楽しゅうございました。まだまだお会いします。お会いして、お騒がせして、お世話になります。どうぞよろしくお願いいたします。

伊藤比呂美

二〇一八年九月

解説――みずみずしい二人

瀬戸内寂聴秘書　瀬尾まなほ

「みずみずしさ」という言葉は十代、二十代の、青春まっさかりのはじけんばかりの生命力を全力で表現している、そんな若い人たちのことを言うと思っていた。私自身、瀬戸内寂聴の秘書として寂庵に来るまでは六十歳以降はおばあさんと思っていたし、自分が大学生のときまで両親の世代が恋愛をしたり、またもっとその上の世代（私にとってはおばあさん）が現役で恋愛をしたりセックスをするなんて逆立ちしても思えなかった。そして恋愛は若い私たちのものだと勝手に思っていた。

私が先生と呼ぶ、瀬戸内寂聴のところで働くようになってから私の世界は大きく変わった。六十歳なんて若くてまだまだ元気で八十歳を超えても現役で、いきいきしたおばあさんが多いからだ。

編集者でも長く連れ添った奥さんと別れて自分の子供より若い女性と結婚し、七十代で二歳の子どもがいる人。六十歳のバリバリのキャリアウーマンは自分の子供と同じくらいの年齢の彼氏を寂庵に連れて来て先生に自慢していた。何も知らない人が「息子さん？」と聞いたので私は思わず苦笑いした。私が持っていた世界観がいい意味で大きく壊れ、恋愛というものは、いくつでもしてもいいと思えるようになったのも、自分のことを隠さず、オープンに書き、話す先生のもとにいるからだろう。

「コンチッワ！」と腰より短い、焼きそば？　ソバージュ？　の黒い髪の毛を揺らしながら、黒のサングラスをかけタクシーから降りてきたのが初めての伊藤比呂美さんとの出逢いだった。寂庵で先生とこの本の対談をするからとアメリカから来てくださった。そのとき伊藤さんはご主人の介護をしていて、アメリカと日本の生活とで大忙しだった。

対談の際に私は同席しなかったが、お茶を出したと思えばすぐさま先生に呼び戻され、ビールを持ってくるように言われた。これが対談ではほぼ毎回のことだった。対談している場の洋間に行くと伊藤さんがまるで水槽を覗くかのように前のめりで先生の話を聞いていた。それがとても印象的だった。二人でどんなことを話しているのだろうと私は気になっていた。

この解説の依頼を頂いたとき、「私でいいのか⁉」という不安しかなかった。しかも伊藤さんも了承してくださっているとのこと。さっそくゲラを読むと、思わず「わぁ」と言う声しか出なかった。

先生自身の病気の話、伊藤さんの介護、看病の話、書くこと、また自分の性の話、生きるということ、死ぬということ、あからさまに語り合っている。伊藤さんのお父様の介護のときに特別何かをしていたわけではなく、一緒にテレビを観ていたことを「今になると、もうちょっといてあげたらよかった、つまんない番組を一本だけ三十分付き合うんじゃなくて、三本観ればよかったって……」というところに伊藤さんの優しさを感じる。また自分の亡き夫のこと、そして離婚したことによって急にアメリカに連れてきた娘のこと。またストレートに先生に子供を捨てて家を出る心境を聞いている。先生は先生で娘に負い目があるけれど「家族」をテーマにした小説を書きたいと言う。

話が恋愛になるとどんどんオープンになり伊藤さんは何もかも話してしまう。セックスの話になると「したくても、入らなくなるんです」と伊藤さん。そこにすかさず「私のところに七十歳、八十歳の女の人から身の上相談で、若い人としていて、このごろ男が冷たくなったなんて悩み、いっぱい来るわよ」と先生。もうぎょっと目玉が飛び出すような話ばかりで私には未経験すぎてどぎまぎしてしまう。

伊藤さんの感情がそのまま言葉に出ていて、きっとそこまで自分をさらけ出せる人は数少ないだろうし、その開放的なところが伊藤さんの魅力だと思った。それは先生も同じで、自分を良く見せようとかそんなこと一ミリも思ってなくて、「自分」というものをそのまま世の中に差し出しているようなその潔《いさぎよ》い感じ。

私が読んでいて思うのは、何も纏《まと》っていない二人の空気感が心地よくもあり、またドキドキさせる。

今までの私は「セックス」と口にするだけでなんだかとても恥ずかしいようなそんな感覚だった。けれど、生命上にそれは絶対必要で、当たり前のことで、私だってその行為によって生まれてきた。当たり前のことを当たり前に話している、それだけのことなのに、きっと今の時代でもここまでオープンに話す人は多くない。きっとこれを読んで「そうそう」とうなずく人はたくさんいると思う。

先生は出家するまで数多くの恋愛を繰り返し、不倫も経験している。伊藤さんは男が途切れたことがないと言う。けれど、そんな二人がきっぱり「男よりも子供よりも仕事」と言い切ってしまう。物書きは仕事優先で、書くことが何よりも大事だと。仕事もして恋愛もして、それゆえに子供を犠牲にした二人の女性は、それでも書くことに人生のすべてを懸けている。私はそんな二人をただ遥か低いところからぼーっと見上げていて、きっと私もいつかそこに近づいたりするのだろうか、いや、私はそんな勇気ないよ、と思いながらもじもじしてる。

　精いっぱい生きて、自分を誤魔化《ごまか》さずにいるということは、この世では生きづらいことなのかもしれない。でもそんなことを感じさせず、気にもとめてない二人の大作家を目の前にして私が思うことは、「みずみずしさ」という言葉は若い人にだけ使う言葉ではなく、はじけんばかりの生命力に溢れ、愛に向かって正直に生きている九十代と六十代の二人にこそ「みずみずしさ」を感じてしまう。先生がいつも言う「生きることは愛すること」それを全身で表現しているのは、この二人だと思う。

著者略歴

瀬戸内寂聴

1922(大正11)年5月15日、徳島市生れ。旧名・晴美。作家・僧侶。東京女子大学卒業。57(昭和32)年「女子大生・曲愛玲」で新潮社同人雑誌賞受賞。61年『田村俊子』で第一回田村俊子賞、63年『夏の終り』で第二回女流文学賞を受賞。73年11月14日、平泉中尊寺で得度受戒。法名・寂聴。翌年、京都嵯峨野に寂庵を結ぶ。87年より05年まで岩手県天台寺住職を務める。出家後も旺盛な創作活動を続け、92年(平成4)年『花に問え』で谷崎潤一郎賞、96年『白道』で芸術選奨文部大臣賞を受賞。97年、文化功労者。01年、『場所』で野間文芸賞。06年、国際ノニーノ賞(イタリア)を受賞。同年、文化勲章を受章。11年、『風景』で泉鏡花賞。

伊藤比呂美

1955年、東京都生まれ。詩人。78年に現代詩手帖賞を受賞してデビュー。80年代の女性詩人ブームをリードし、『良いおっぱい　悪いおっぱい』にはじまる一連のシリーズで「育児エッセイ」という分野を開拓。「女の生」に寄り添い、独自の文学に昇華する創作姿勢が共感を呼び、人生相談の回答者としても長年の支持を得ている。近年は介護や老い、死を見つめた『とげ抜き　新巣鴨地蔵縁起』(萩原朔太郎賞、紫式部文学賞受賞)を刊行、米国・カリフォルニアと熊本を往復しながら活動を続けてきた。18年より拠点を熊本に移し、早稲田大学教授を務める。

先生《せんせい》、ちょっと人生相談《じんせいそうだん》いいですか？

2018年10月31日 第一刷発行

著者　瀬戸内《せとうち》 寂聴《じゃくちょう》
　　　伊藤《いとう》 比呂美《ひろみ》

発行者　手島裕明

発行所　株式会社集英社インターナショナル
〒101-0064 東京都千代田区神田猿楽町1-5-18
電話 03(5211)2632

発売所　株式会社集英社
〒101-8050 東京都千代田区一ツ橋2-5-10
電話 読者係03(3230)6080
販売部03(3230)6393(書店専用)

プリプレス　竹中 誠

印刷所　大日本印刷株式会社

製本所　ナショナル製本協同組合

Printed in Japan ISBN978-4-7976-7363-0 C0095